Ante la depresión

CLAVES PARA VIVIR MEJOR

Juan Antonio Vallejo-Nágera estuvo encargado de las cátedras de Psiquiatría y Psicopatología de la Universidad Complutense, y fue director por oposición del Instituto Nacional de Pedagogía Terapéutica y del Centro de Investigaciones Psiquiátricas de Madrid. Sus obras didácticas de psiquiatría han alcanzado gran difusión, de modo especial *Introducción a la Psiquiatría*, con más de veinte ediciones en español, que se utiliza como texto en muchas universidades y que se ha traducido a varios idiomas. Paralelamente a las tareas científicas desarrolló una actividad literaria que culmina al obtener el Premio Planeta en 1985 con la novela histórica *Yo, el rey*, de la que es continuación *Yo, el Intruso*. Otros de sus libros son: *Mishima o el placer de morir*, *Concierto para instrumentos desafinados*, *Naïfs españoles contemporáneos*, *Ante la depresión*, *Guía práctica de Psicología*, *Perfiles humanos*, *Vallejo y yo* y *Aprender a hablar en público hoy*.
Murió en Madrid en 1990.

Ante la depresión

Dr. Juan Antonio Vallejo-Nágera

Planeta

Primera edición en esta colección: enero de 1999

Córcega, 273-279 - 08008 Barcelona (España)
Edición especial para Ediciones de Bolsillo, S. A.

Diseño de cubierta: BuróGràfic
Fotografía: © PhotoDisc

ISBN 84-08-02896-0
Depósito legal: B. 51.422 - 1998
Fotomecánica cubierta: Nova Era
Impresor: Romanyà Valls
Impreso en España - Printed in Spain

Índice

Aclaración inaplazable

En mi larga experiencia como psiquiatra, he comprobado que la mayoría de pacientes con depresión obtienen de sus médicos un tratamiento correcto pero no todos reciben información completa sobre su enfermedad. En las consultas no suele haber tiempo más que para explicaciones y consejos fundamentales.

Una de las quejas más frecuentes de los deprimidos es que nadie les comprende.

He intentado escribir un libro que sirva al deprimido en los dos terrenos. Para que pueda asimilar y ampliar lo que le ha dicho su médico, y para que los que le rodean le entiendan mejor a él.

Ningún libro puede sustituir a la consulta con el médico, pero muchas personas al regresar de una entrevista con el doctor caen en la cuenta de que olvidaron aclarar ciertas dudas. A la familia del enfermo le ocurre lo mismo. «Tengo una depresión ¿qué puedo hacer?» trata de informar sobre los problemas más frecuentes.

Los lectores de esta obra serán lógicamente perso-

nas afectadas por el tema, que buscan orientación en unos momentos difíciles y de gran desconcierto. El libro va dirigido especialmente a aquellos que no tienen a quien preguntar; son los más apremiados. Por eso se ha supeditado a la claridad cualquier otra condición; hay ejemplos, aclaraciones y repeticiones que para muchos serán innecesarias y por tanto un estorbo en la lectura. Espero que estos lectores tengan la generosidad de aceptar tales inconvenientes, al recordar que para otros son una importante ayuda.

J. A. VALLEJO-NÁGERA

Madrid, enero de 1987

1. ¿Tengo una depresión?

¿Se siente profundamente triste y no encuentra motivo? ¿Tiene ganas de llorar? ¿Llora a solas? ¿No puede contener las lágrimas ante los demás ante ciertos comentarios? ¿Nota un cansancio excesivo y una pereza invencible? La menor tarea que antes consideraba rutinaria, como vestirse, lavarse, escribir una carta... ¿le supone ahora un esfuerzo abrumador?

El despertar de cada día ¿se ha convertido en un momento muy amargo? «¡otro día!». Las diversiones con que disfrutaba ¿han dejado de apetecerle? ¿Rehuye sus amistades porque no le compensa el esfuerzo de mantener la fachada? ¿Tiene insomnio y pasa esas horas despierto sumido en negros pensamientos? ¿Se ha vuelto pesimista y ve sólo el lado malo de las cosas? ¿Ha empeorado el concepto de sí mismo? ¿Se encuentra culpable de cosas que ya había olvidado? ¿Le da la sensación de que en su familia y trabajo le juzgan mejor de lo que es y que van a descubrir su poca valía? ¿Cree que se está refugiando en sentirse enfermo para eludir sus responsabilidades? ¿Le gustaría quedarse en la cama por la mañana, con la luz apagada, sin hacer nada ni ver a nadie? ¿No es capaz de concentrarse ni para leer el periódico?

Si se siente retratado en varias de estas preguntas PADECE UNA DEPRESION profunda, de las llamadas «mayores».

Está deprimido y se demanda qué puede hacer. Podría ayudarle leer algún capítulo de este libro, pero si la depresión es profunda no tendrá fuerzas para hojear ni éste ni ningún otro libro, su enfermedad se lo impide.

En ese caso aplace la lectura para cuando mejore y pase ahora el libro a su familia y amigos. En cuanto lean las primeras páginas le van a entender mejor. Van a encontrar la respuesta a muchas de las preguntas que le hacen y que usted no sabe contestar. Después de leer podrán apoyarle con más eficacia, y dejarán de atormentarle con esas actitudes tan bien intencionadas pero que a usted tanto le desesperan.

2. Es muy difícil comprender lo que siente un deprimido

A primera vista no le ocurre nada. No tiene fiebre ni dolores. Por eso quienes le rodean no comprenden de qué se queja, y piensan que le bastaría con un esfuerzo para salir de ese estado. Nada más lejos de la realidad.

Hay muchas formas de depresión que iremos detallando. Hoy pensamos que se trata de enfermedades distintas con una apariencia común. Para facilitar la tarea del lector, hasta que lo advirtamos expresamente nos vamos a referir a la forma más seria y característica, la depresión «mayor» que los tratados llamaban «endógena», porque se supone que viene de dentro del cuerpo, de una alteración bioquímica, y no de los disgustos y otras vivencias negativas, como creen el deprimido y su familia.

El sufrimiento del deprimido es terrible, y no comparable al de ninguna otra enfermedad.

Quienes no hemos padecido una depresión, carecemos de puntos de referencia subjetivos para entender. Aunque no hayamos sufrido cólicos renales, comprendemos perfectamente al que se retuerce de dolor en uno de ellos, pues todos tenemos experiencia de dolores corporales. Aunque proceden de distinto origen, suponemos que los suyos son parecidos a los nuestros, y por lo mucho que se queja admitimos que pueden ser más intensos. En cambio, nos falta un elemento de comparación para poder imaginar el tormento del deprimido. Quizá sólo otro deprimido pueda entenderlo.

«PREFERIRIA CUALQUIER OTRA ENFERMEDAD...»

A los médicos que hemos atendido a centenares de deprimidos, nos sorprende que siempre dicen: «PREFERIRIA CUALQUIER OTRA ENFERMEDAD ANTES QUE ESTA».

No es una frase rutinaria, LO DICEN CON TODA EL ALMA, y no solamente durante la depresión, pues en ese caso pensaríamos que no recuerdan con la misma viveza los padecimientos anteriores. Lo repiten cuando la depresión ya ha pasado, y pueden compararla con imparcialidad en el recuerdo con las operaciones quirúrgicas, partos complicados, fracturas, cólicos, inmovilizaciones de grandes zonas con escayola, etcétera. Siempre repiten: «Mil veces antes eso que otra depresión».

Este dato es el que mejor nos permite valorar la magnitud del tormento del deprimido, pues no se percibe desde fuera. La otra señal de alarma es que casi todos los que padecen una depresión grave piden la muerte como el mayor de sus anhelos. No ven otra salida porque, como analizaremos más detenidamente, una de las amarguras de la depresión es que borra la idea y los sentimientos de esperanza. Por eso tantos deprimidos luchan dentro de sí con la idea del suicidio como liberación.

Según la Organización Mundial de la Salud, hay en el mundo unos 2.000 suicidios diarios y unos 800 se deben a enfermedades depresivas. ¿Por qué se suicidan? Porque no lo pueden soportar; ASI DE TERRIBLE LLEGA A SER UNA DEPRESION.

Hechas estas reflexiones, volvamos a observar al deprimido. Aparte su aspecto de abatimiento y postura alicaída no se le aprecia nada especial. Un poco pálido, sin signos de dolor físico, puede moverse con libertad, respira bien, razona..., nada anormal.

Como nada le encontramos, y parece tan afectado, le preguntaremos a él qué es lo que le ocurre: no sabe explicarlo.

Quizá este amigo nuestro tiene poca facilidad de expresión. Repetimos la pregunta al español que la disfrutó al máximo, a Lope de Vega, que sufrió graves depresiones. En una de ellas (1610) nos dice: «SI ME PREGUNTASE A MI MISMO QUE MAL TENGO, NO SABRIA RESPONDERME, POR MUCHO TIEMPO QUE LO PENSASE».

Este comentario de Lope de Vega nos lleva directamente al capítulo siguiente: Lo que casi nunca se debe hacer o decir a un deprimido.

3. Lo que casi nunca se debe hacer o decir a un deprimido

Si el mismo Lope de Vega no fue capaz de contarlo, ¿cómo vamos a pretender que lo haga la pobre víctima que tenemos ante nosotros? Por eso no hay que decirle lo que SIEMPRE le están diciendo: «¡Pero, bueno! ¿Me quieres EXPLICAR de una vez qué es lo que te pasa?» NO PUEDE EXPLICARLO.

Debo recordar al lector que seguimos hablando provisionalmente de la DEPRESION-ENFERMEDAD, la depresión «mayor» o endógena, no de la depresión que tienen los que se han puesto tristes por una tragedia o un disgusto.

La *vivencia depresiva* es indefinible. Parece consistir en una mezcla de tristeza, amargura, remordimiento, angustia, desolación, pena, congoja, desesperanza, apatía, conciencia de incapacidad, sentimientos de culpa..., con alguna de estas sensaciones en el grado de máxima intensidad.

Por lo que relatan los enfermos, a lo que más se parece es al desgarro del alma que padecemos tras la muerte de un ser muy querido, pero aún con más intensidad. Es la vivencia del duelo sin que nadie haya fallecido.

Tiene matices de la desolación de la ruina súbita, de la que sienten los que contemplan incendiada su casa con todas las pertenencias, la que sufren los que tras una nueva calamidad ven derrumbarse las últimas esperanzas.

Se añade el mordisco del remordimiento, típico de los que tras una debilidad comprueban que ha traído consecuencias impensadas con daño irreparable para ellos y para los que más quieren. Algo similar a los que debió sentir Adán tras comerse la fruta prohibida y verse expulsado del Paraíso.

LA VIVENCIA DEPRESIVA: «NO COMPRENDO POR QUE ESTOY TRISTE»

Viven estas emociones negativas sin que haya ocurrido nada que las justifique. En el vacío. Al inicio de la enfermedad nos lo suele comentar el deprimido: «No comprendo por qué estoy tan triste, pues no me ha pasado nada». Por tanto, no hay que decirle al deprimido «¡pero, ¿por qué te pones así?», porque no lo sabe.

Advertimos que esto ocurre preferentemente al principio de la enfermedad. Los seres humanos tendemos a buscar una explicación lógica a nuestras sensaciones y sentimientos, especialmente cuando son de tan elevada intensidad. Si odiamos a alguien, queremos encontrar un motivo que lo justifique, eso alivia la conciencia. Igual ocurre al deprimido, «necesita» una justificación y al cabo de cierto tiempo ATRIBUYE su pena a cualquier calamidad reciente.

En la vida hay tantas desgracias que siempre se tiene alguna próxima. La familia y allegados acaban aceptando la explicación del paciente, aunque resulte insuficiente. Nos dicen al oído en un aparte: «es que se ha muerto una hermana de su cuñado, y estaban muy unidas, no se consuela la pobre». Aturdidos por los lamentos de la enferma no reflexionan, y olvidan que la susodicha hermana del cuñado en realidad le importaba muy poco a la enferma, que no mostró vehemencia de sentimientos durante el duelo y que sólo semanas después, al estar deprimida, es cuando ha comenzado a llorar a la ausente. No es el motivo de la depresión, es solamente el tema elegido para no dejar en el vacío los lamentos. No guarda relación de causa-efecto con el episodio depresivo.

Tal ausencia de vinculación nos lleva a otro consejo: CASI NUNCA hacer lo que SIEMPRE se hace: INTENTAR CONSOLARLE DEL MOTIVO de su depresión, porque NO es el motivo.

NO ES EL «MOTIVO» DE LA DEPRESION

En los casos en que una depresión surge después de la pérdida de un ser muy querido, durante el duelo, el médico debe intentar discriminar qué reacciones derivan de la desgracia sufrida, y cuáles de la enfermedad. El disgusto puede haber actuado como factor desencadenante de una depresión latente. Más adelante explicaremos cómo se diferencian todos estos factores en un estado depresivo.

En raras ocasiones no hay ninguna desventura reciente de la que colgar los sentimientos depresivos, «todo me iba bien». El enfermo suele acabar inventando la desgracia que no ha tenido. Lo realiza sobre los temores flotantes que a todos afectan. Dice que está arruinado, que su empresa va a suspender pagos o reducir plantilla, que se ha percatado de que es un inepto profesional y va a perder el empleo y nunca encontrará otro. Hay mil variantes. «Está así desde que tiene que preparar la declaración para Hacienda», «no sale de casa aterrado por la inseguridad ciudadana», «sólo piensa en la hija que tiene en Montevideo», «está convencido de que tiene un cáncer o algo así, pero que no se lo saben diagnosticar, o que los médicos le engañan», «dice que su marido ya no la puede querer, porque está avejentada y fea»...

NO REPETIR LOS ARGUMENTOS

NO REPETIR MACHACONAMENTE LOS ARGUMENTOS, CON EL VANO EMPEÑO DE CONVENCER al paciente de la irrealidad o desproporción de sus temores. En cuanto se cure lo percibirá por él mismo sin que nadie se lo tenga que explicar. Mientras dura la enfermedad seguirá impermeable a cualquier razonamiento sobre ese tema. Al insistirle una y otra vez, en lugar de tranquilizarse se excita y agobia, imagina que no le entienden, o que los demás no se percatan del riesgo, o que egoístamente pretenden ocultarle su drama para que les deje en paz. La insistencia «consoladora» es contraproducente, acaba desesperando al enfermo... y también al que le está intentando ayudar, que acaba enfadado con la «terquedad» del paciente.

NO ENFADARSE CON EL DEPRIMIDO

Este es otro consejo, tan importante como difícil de seguir en el trato diario: NO ENFADARSE CON EL DEPRIMIDO.

En la convivencia con un deprimido es INDISPENSABLE RECORDAR de continuo algo evidente pero que se olvida: NO ESTA ASI POR SU GUSTO, ni por libre elección. No DEPENDE DE SU VOLUNTAD salir de este infierno. El habitual comentario: «ANIMATE, MUJER, LEVANTA ESE ANIMO», es tan improcedente como decirle a un paciente con fiebre y vómitos: «pero, hombre, no seas tonto, baja esa fiebre, deja de una vez de tener náuseas». El enfermo febril se sorprenderá de la bobada que le están diciendo, ¡qué más quisiera él!, pero no le sube la temperatura como consecuencia de consejos absurdos. Por el contrario, el deprimido se desespera, y aumenta sus sentimientos de culpa y de indignidad.

De esta característica de las depresiones deriva un consejo que agradecerán todos los deprimidos, no hacer CASI NUNCA LO QUE SIEMPRE SE HACE: REPROCHAR AL DEPRIMIDO, «TIENES QUE PONER DE TU PARTE», «ES QUE NO HACES NADA POR ANIMARTE», «SI TU QUISIERAS DE VERDAD CURARTE»..., carece de efecto positivo y le humilla y desespera.

«TIENES QUE PONER DE TU PARTE»

A lo largo de tantos años de ejercicio de la Psiquiatría, me ha impresionado que casi todos los que padecen una depresión recuerdan luego con mucha amargura esta actitud de la familia y de los amigos, que resulta casi inevitable, pues de no estar advertidos todos reaccionamos así. «Lo peor era cuando mi marido me decía que yo estaba así por mi culpa, que no hacía nada por remontarme», «qué desesperación ver que nadie me entendía, me decían que me distrajese, que saliese a tomar el aire o al cine; pero si la sola idea de ir al cine me parecía un tormento; no tenía fuerzas para salir, si incluso vestirme o lavarme por la mañana me costaba un mundo, ¿cómo iba a tener ganas de ir al cine?».

El bloqueo de la actividad, esa especie de freno a las cuatro ruedas que tiene el deprimido, por lo que cualquier tarea rutinaria e insignificante, como escribir una carta, etc., le parece una carga abrumadora, lleva al consejo: **NO EMPUJAR AL DEPRIMIDO A UN TIPO DE ACTIVIDAD QUE REQUIERA ESFUERZO.**

LO MEJOR ES DEJARLE EN PAZ

El error de la familia es perfectamente disculpable. Recuerdan ocasiones anteriores, cuando el enfermo empezó a salir, a moverse, etc., se inició la mejoría. Equivocan la interpretación, y piensan que si ahora le obligan a una actividad, pondrán en marcha los mecanismos de la recuperación del paciente. No es así. Las veces anteriores reinició su actividad porque ya estaba mejorando; en realidad pudo volver a ser activo porque la enfermedad desaparecía en esas fechas. Ahora también recuperará la iniciativa y el gusto por las cosas cuando mejore. MIENTRAS TANTO LO MEJOR ES DEJARLE EN PAZ, ATENDERLE, SUGERIRLE SIN AGOBIAR.

La depresión imposibilita para disfrutar de nada. Si le llevan a una película cómica, «le llevé para ver si se reía un poco», sólo percibirá el enorme esfuerzo que le cuesta salir de casa, que no es capaz de seguir la acción del film porque se fatiga su atención, que los demás ríen y él permanece indiferente, y que tiende a ensimismarse dando vueltas a sus negros pensamientos sin atender a la proyección. Si ocurre esto en algo pasivo y agradable como ver una película cómica, podemos deducir cómo queda aplastado si le obligan a acudir al trabajo, a enfrentarse con un problema, o una ardua tarea para la que se siente incapacitado.

¿ASISTIR AL TRABAJO?

ANIMARLE O DISUADIRLE DE ACUDIR AL TRABAJO, es un dilema muy delicado. Si abandona, parece un boxeador que tira la toalla y, en consecuencia muchas familias se empeñan en que por nada del mundo deje la tarea profesional, «al trabajo, al trabajo, no hay mejor medicina que el trabajo». Tal actitud puede resultar válida mientras los síntomas de la depresión no son muy intensos. En caso contrario, además del sufrimiento que hemos comentado, dará muy mal rendimiento laboral y será difícil convencer a sus superiores de que su torpeza y falta de iniciativa son transitorias. Puede desprestigiarse y perder por esta causa un empleo que conservará con una solicitud de baja por enfermedad.

«TE VENDRIA BIEN UN VIAJE»

Otro error muy frecuente es pretender que el enfermo «cambie de aires». «TE VENDRIA MUY BIEN UN VIAJE, UNAS VACACIONES». Las vacaciones sí, pero no el viaje. Las variantes son infinitas, «esto se quita con el clima de montaña», «lo que necesitas son unos días de playa, tomar el sol»; si es invierno, al deprimido casi seguro lo facturan a Canarias..., y pasa unos días amargos en esa tierra paradisíaca.

Esfuerzo y gasto perdidos. Lo primero que el deprimido mete en el equipaje es la depresión. La lleva a cuestas, le acompaña a cualquier lugar que marche y le imposibilita por completo para disfrutar del nuevo ambiente.

«YA SE TE PASARA SOLO». «EN ESTOS CASOS NO HAY NADA PEOR QUE METERSE EN MEDICOS». Las depresiones remiten espontáneamente sin tratamiento... meses después de cuando se hubiesen curado con un tratamiento certero. ¿Para qué prolongar el sufrimiento y aumentar los riesgos por un prejuicio contra la Medicina?

«LO QUE TE PASA ES QUE COMO NO TIENES PROBLEMAS IMPORTANTES... SI TUVIESES ALGO DE QUE PREOCUPARTE DE VERDAD». Este comentario desafortunado se lo suelen colocar especialmente a las amas de casa, las irrita y desespera. Para el deprimido cualquier preocupación, aunque nos parezca a los demás trivial o infundada, es arrolladora. No puede pensar en otra cosa, todo lo supedita a la preocupación que invade su conciencia, impidiendo reflexiones consoladoras. Su comentario interno es: «No se dan cuenta», «creen que me equivoco o que estoy loca y son ellos los que no se dan cuenta...». Reacciona como quien sabe que va a ocurrir una desgracia, advierte a otros para que la eviten y nota con desesperación creciente que nadie le cree, y por eso no se logra impedir la catástrofe.

«LA DEPRESION ES COSA DE RICOS... SI TUVIESES QUE GANARTE EL PAN DE PICAPEDRERO TE FALTARIAN TIEMPO Y GANAS PARA ESTAS FANTASIAS». La ocurrencia, tan frecuente, demuestra una notable mezquindad por parte de quien la hace, pues transparenta la envidia del comentarista, en general un pariente o «amigo» peor situado económicamente. Esta interpretación alevosa de la depresión se la espetan tanto a hombres como mujeres. Les encoleriza a todos y es otra gran injusticia, aunque el enfermo sea opulento, porque con la depresión se cree arruinado.

Hay un viejo proverbio: «No es más rico el que tiene más sino el que desea menos». El deprimido ya no quiere el dinero como cuando está sano, para adquirir bienes o la sensación de poderío. No tiene ganas de comprar ni de poseer, ni de presumir, ni de nada, ya que está vitalmente desganado. Lo que vibra dentro de su alma es un pesimismo esencial, con la premonición de tragedia inminente. Una de las asociaciones de ideas inmediata es la de ruina total con sus peores consecuencias; «no voy a poder dar de comer a mis hijos», «¿qué va a ser de nosotros?». Una vez que la enfermedad ha fijado en la mente de la víctima una idea concorde con su angustia y pesimismo depresivos, ya no es posible desplazarla de modo eficaz con razonamientos. El deprimido puede discurrir inteligentemente sobre otros temas, por ejemplo la situación económica de un amigo, pero no sobre la suya propia, que es tema de la enfermedad. Si cree que está arruinado le desgarra el alma la amenaza de la miseria, aunque nade en la abundancia.

¿ES CIERTO TODO LO ANTERIOR?

—No en todos los casos, y de una forma absoluta.

—Entonces, ¿por qué nos lo ha dicho así?

Me pareció necesario extremar para mejor llamar la atención. Los que he mencionado son errores de actuación casi inevitables, los veo constantemente en personas que tienen la mejor voluntad. TODOS reaccionamos de esa forma si no nos han prevenido. Creo que ahora, una vez el lector en estado de alerta, podemos matizar.

Conviene una primera reflexión.

LAS PERSONAS QUE QUIEREN AL DEPRIMIDO, ESTAN TAMBIEN DESTROZADAS.

NO TOLERA ALEGRIA JUNTO A EL

El contacto con EL DEPRIMIDO ES APLASTANTE. La enfermedad le obliga a sembrar tristeza, pesimismo y desaliento en su derredor. No deja un respiro, NO TOLERA ALEGRIA JUNTO A EL, los intentos de animarle son un fracaso o duran sólo unos instantes. Se le ve sufrir y hace padecer. Muchas familias, las más afectuosas con el paciente, acaban con una depresión reactiva al trauma de la convivencia con el enfermo, «si ya le digo, doctor, la que va a terminar en el sanatorio voy a ser yo». Por tanto, a sus miembros, mermados en la eficacia por su propia depresión reactiva, no se les puede pedir milagros.

En el ejercicio de la Medicina se comprueba que ante un enfermo desvalido, su familia puede adoptar tipos de conducta muy variados, desde el egoísmo y despego más despiadados hasta una abnegación heroica, con toda la gama intermedia.

¡NO SE QUE HACER!

Los egoístas se despreocupan del enfermo, su único interés se enfoca a que el deprimido no estorbe sus planes, ni les moleste con sus quejas y limitaciones. Abandonan al enfermo a su suerte o le internan en un sanatorio sin necesidad y, en el mejor de los casos le van a visitar un ratito de tarde en tarde «porque nos ha dicho que no le agobiemos». Es inútil darles consejos, siempre elegirán lo que les resulte cómodo a ellos, y encima afirmarán que se lo hemos recomendado o que es lo que el enfermo desea.

Los allegados que aman de verdad al deprimido, que sienten su dolor y que hacen todo lo posible por ayudarle, en ocasiones durante la consulta nos dan tanta lástima como el enfermo. «YA NO SE QUE HACER, SI LE INTENTO AYUDAR Y LE ESTIMULO A QUE HAGA COSAS DICE QUE LE ATORMENTO, SI ME AGUANTO Y NO LE DIGO NADA SE QUEJA DE QUE LE HE ABANDONADO, QUE NO ME IMPORTA LO QUE LE PASA. DE VERDAD, HAGA LO QUE HAGA SIEMPRE ME PILLA EL TORO. DIGAME, ¿QUE HAGO?».

LA ENFERMEDAD LES EMPUJA A ATORMENTAR

Esta combinación de angustia y desconcierto es muy frecuente y no siempre logra el médico desvanecerla. Hay deprimidos que reaccionan así y convierten en aparentemente inútil toda la abnegación de la familia. LA ENFERMEDAD LES EMPUJA A ATORMENTAR A QUIEN MAS LES QUIERE. Pueden llegar a verdaderos refinamientos en la tarea, por ejemplo, cuando toda la familia se vuelca a ayudarles dicen: «LO QUE MAS ME DUELE ES QUE SOIS TAN BUENOS CONMIGO Y OS ESTOY DESTROZANDO», se echa a llorar desconsoladamente y la familia acaba también llorando.

RESUMEN DE LOS TEMAS ESENCIALES DE ESTE CAPITULO

Es muy importante conocer que les ocurre lo mismo a otras personas de buena voluntad. Que LA TAREA

PUEDE SER SUPERIOR A SUS FUERZAS, y nadie, ni su propia conciencia, debe reprochárselo.

NO MANTENER SENTIMIENTOS DE CULPA INJUSTIFICADOS, que es lo que suele ocurrir a la familia del deprimido.

LA AYUDA MAS VALIOSA

Recordar que todo desaparecerá espontáneamente al curarse la enfermedad, y por tanto LA AYUDA MAS VALIOSA CONSISTE EN INDUCIR AL TRATAMIENTO adecuado. El deprimido por su pesimismo y su típica convicción de que «no tiene remedio», tiende a abandonarse a su destino y no acudir al médico, o no hacer luego los tratamientos.

Mientras llega la mejoría del paciente, DEJAR QUE PASE LA TORMENTA con serenidad, sin atormentarle y sin atormentarse, pero mostrando en todo momento CARIÑO E INTERES; aunque parezca no agradecerlo o diga, como antes hemos señalado, que sufre por las muestras de afecto. NO HAY QUE INSISTIR, entiende perfectamente, basta con decirle las cosas una vez en cada ocasión, y repetir sólo de vez en cuando, la machaconería le incomoda.

NO DEJARSE ESCLAVIZAR POR EL DEPRIMIDO

La clave del manejo del deprimido está en la muestra permanente de afecto, pero SIN DEJARSE ESCLAVIZAR POR EL, y al mismo tiempo sin acorralarle. Que no tenga dentro de lo posible, la sensación ni de abandono ni de acoso, y de modo especial ELIMINAR LOS REPROCHES INJUSTOS.

El empujoncito hacia la actividad o el optimismo para «consolar» o «convencer», puede resultar útil durante la fase de recuperación, cuando empieza a salir del pozo negro. Por eso NO SE DEBEN DAR NORMAS TAJANTES, hay que estar alerta a las variaciones de la depresión.

Con independencia de la mejoría final con la que termina la enfermedad, durante la depresión varía mucho el estado del ánimo de un día a otro. También en cada día es habitual que empeore por la mañana al despertar, y que levante el ánimo al atardecer (es la única enfermedad que mejora al final de la jornada). Es preciso aprovechar los «ratos buenos» para dar ánimos y hacerle notar el calor del afecto de la familia y buenos amigos. En los baches de acentuación de la melancolía es preferible atenderle a distancia, sin imponerse. Prefieren muchos ratos estar solos, salvo los pacientes a quienes asusta la soledad y piden compañía.

Están PROHIBIDAS LAS PREGUNTAS O AFIRMACIONES EN TONO IRRITADO O IMPACIENTE del tipo que antes hemos detallado (tener en cuenta en particular la prohibición de: «¿me quieres explicar qué es lo que te pasa?», «¡tienes que poner de tu parte..., si tú quisieras!», «pero, ¡si no te falta de nada!, ¿qué más quieres?», «la depresión es cosa de ricos», «cómo se ve que no tienes problemas para preocuparte de verdad», etcétera).

DESACONSEJADOS LOS VIAJES «para que cambies de ambiente y que no sigas con esa preocupación».

ES IMPRESCINDIBLE APLAZAR LAS DECISIONES IMPORTANTES del enfermo, que ahora está coaccionado por sus ideas de ruina, indignidad, incapacidad, celos, etc. Son muy frecuentes empeños desatinados, como abandonar definitivamente el empleo, vender el negocio a cualquier precio, romper el compromiso de boda... Al mejorar verá las cosas de nuevo diferentes y se va a desesperar por haber tomado una decisión lamentable, y reprochará a los suyos el no haberle disuadido, «viendo que estaba mal de la cabeza, ¿cómo es posible que me dejaseis hacer ese disparate?».

EXPLICARLE QUE ESTA ENFERMO

En lugar del empeño habitual de argumentar sobre la falta de fundamento de sus temores, es mejor EXPONERLE SERENAMENTE QUE ESTA ENFERMO, y que la enfermedad es la que le impide ver las cosas tal como son, que en cuanto se cure, él mismo cambiará de opinión. Conviene centrar las diferencias de opinión en este tema fundamental, que facilita convencerle de que debe buscar ayuda médica, en vez de enfadarse todos argumentando cada tema por separado.

4. ¿Es la depresión la enfermedad de nuestro tiempo? Historia de la depresión

Escuchamos constantemente que las depresiones se han extendido, como un río que se desborda, por la sociedad contemporánea. Hablan de «una *nueva era de melancolía*», y algunos afinando más insisten en que «las décadas de los cuarenta y de los cincuenta fueron las décadas de la angustia; las décadas de los sesenta, setenta y ochenta son las décadas de la depresión». Suena muy dramático pero no está demostrado, incluso algunas formas clínicas como la maníaco-depresiva parece que han disminuido de frecuencia. Lo que sí es indudable es el aumento espectacular del número de personas que acuden hoy día a buscar ayuda por una depresión, y que hay muchas más mujeres que hombres deprimidos.

El aumento vertiginoso de consultas es innegable, pero no significa necesariamente que haya incrementado el número de enfermos. Antes, la mayoría de los deprimidos no llegaba a diagnosticarse, y no formaban cifra oficial. Si nos centramos en nuestra patria, ¿cuántos psiquiatras había en España hace cincuenta años?

Menos de cien. ¿Cuántos hay ahora? Más de siete mil. ¿Cuántos psicólogos? Ninguno. La Psicología no existió entre nosotros como profesión independiente hasta la década de los cincuenta, aunque algunos psiquiatras habían logrado hacerse renombre internacional dentro de la Psicología. ¿Cuántos compatriotas nuestros podían permitirse acudir a un psiquiatra? Muy pocos. De este grupo sólo un pequeño porcentaje venía a las consultas, la enfermedad «mental» se vivía como una vergüenza familiar, la tendencia general era ocultar al paciente en la casa hasta que los síntomas eran muy graves y alarmantes. Por otra parte, no existía un tratamiento realmente eficaz, el experto sólo podía proporcionar el alivio de parte de los síntomas. Este hecho, más o menos públicamente aceptado, desalentaba como es lógico al enfermo y a su familia.

Los expertos, ¿qué formación tenían? Como tantas veces ocurre en España, tres o cuatro disfrutaban de merecida fama internacional, pero era un milagro porque en las facultades de Medicina no había asignatura de Psiquiatría, todo lo que recibía el estudiante eran algunas clases dentro de la asignatura de Medicina legal, y al catedrático de Medicina Legal la Psiquiatría le solía importar muy poco, la usaba para los peritajes judiciales, no para curar enfermos, es otra vocación.

Con frecuencia olvidamos lo largo que es el camino recorrido en pocos años. El primer catedrático de Psiquiatría de España fue mi padre, mediada la década de los cuarenta. Cuando mi promoción terminó la carrera de Medicina en 1949, aún no había escuela de Psiquiatría para estudiar la especialidad. —Entonces, ¿cómo obtenían ustedes el título de psiquiatra? Muy sencillo, al inscribirnos en el Colegio de Médicos, en el apartado de la ficha en que pone ¿especialidad? escribíamos muy contentos: «Neurología y Psiquiatría», y ya éramos a la vez neurólogos y psiquiatras. —¡No es posible! Sí, sí, es posible porque era así. —Bien, eso en el plano oficial de la titulación, pero en la práctica, ¿cómo aprendían la profesión para tratar a sus enfermos? Increíblemente muy bien, resulta que aquellas tres o cuatro figuras destacadas eran unos maestros sensacionales, y los que íbamos al hospital a trabajar con ellos (no rechazaban a nadie), recibíamos una formación de primer rango. España es un país muy raro.

A las nuevas generaciones les resulta muy difícil imaginar los profundos cambios habidos en la cultura psicológica. Viven embebidos en información, certera o falsa, de temas psiquiátricos. Películas, televisión, artículos en la prensa, libros, colorido psicoanalítico de gran parte del análisis de la cultura... Un verdadero lavado de cerebro de información psicodinámica. Antes, para la inmensa mayoría de la población el vacío absoluto.

No es de extrañar que muchos deprimidos no se percatasen de que padecían una enfermedad del estado del ánimo. Cuando acudían al médico general consultaban sólo los síntomas somáticos concomitantes, como el insomnio o la pérdida de apetito. Muy pocos médicos tenían preparación para percatarse de que detrás de aquella pantalla de síntomas corporales se escondía una depresión. Aparte de que hubiese o no menos depresiones, casi todas quedaban sin diagnóstico. Ni el mismo enfermo sospechaba que tenía una depresión, pensaba que «eran sus problemas».

Ahora ocurre todo lo contrario, una preocupación obsesiva con la depresión. Todo el mundo habla de la depresión y casi todos creen tenerla. Factores socioculturales e incluso políticos influyen el modo de vivir el problema y la forma de expresarlo.

Existe hoy una tendencia colectiva a buscar el pretexto de la enfermedad para tapar los fracasos personales y, para exigir de la sociedad, o de la Medicina, o de cualquier otro ente impersonal «una solución».

En ocasiones la coartada de la enfermedad resulta trágico-cómica. Recuerdo en este sentido un período (1974-78) de mi consulta del Seguro Escolar para estudiantes universitarios. Era la época en que aparecían con melena, sucios, las uñas negras, oliendo mal y con expresión muy hostil. En período de exámenes acudían masivamente a la consulta «estudiantes» que habían suspendido todas las asignaturas. —Dígame, ¿en qué puedo serle útil? Parecía un disco rayado, todos contestaban casi exactamente con las mismas palabras. —Es que estoy frustrado, marginado y alienado, la sociedad me rechaza; vengo porque quiero que me hagan psicoterapia, me niego a tomar medicinas. En realidad no decían medicinas, empleaban la palabra «drogas». Uno tras otro. El primero me sorprendió, al tercero que repetía con precisión las mismas frases, pensé que me habían preparado una broma pesada y que aquellos chicos estaban actuando. No era así. Pensaban exactamente lo que decían. Les habían convencido. Va por fases, en los últimos años no he vuelto a ver casi ninguno con este síndrome.

Los que analizan sociológicamente el aumento de las depresiones dan explicaciones sonoras pero poco convincentes: «...La actual época de melancolía parece generada no tanto por los niveles absolutos de desdicha cuanto por el desnivel entre las aspiraciones crecientes y un futuro que cada vez parece menos prometedor»... «los movimientos sociopolíticos se han mostrado incapaces de generar los futuros utópicos en que creían...». Dejamos a especialistas en estadística averiguar si realmente aumenta el número de depresiones o es un espejismo, la impresión general es que sí, pero no en la proporción que piensan los profanos. Al deprimido le sirve de poco consuelo que sean muchos los compañeros de desdicha.

HISTORIA DE LA DEPRESION

Desde la más remota antigüedad y en diferentes culturas, existen descripciones del inexplicable fenómeno depresivo endógeno. Son parecidas a las de hoy, aunque expresadas en diferente lenguaje y con interpretaciones religiosas o mágicas, o de tipo científico oficial según los criterios de la época. La víctima y los espectadores, muchas veces no lo valoraron como enfermedad.

Los griegos

En la cultura occidental casi todo tiene un precedente entre los griegos, no podía faltar en la depresión. Es muy curiosa la anécdota del primer médico importante de la Historia, Hipócrates (460-375 a. de J.C.), a quien piden que diagnostique al filósofo Demócrito, que aparentemente se había vuelto loco.

Por los datos que tenemos parece que Demócrito padeció primero una fase depresiva y después de la inactividad que acompaña a la depresión, inició una fase de hipertimia con actividad febril que a sus contemporáneos les pareció muy extraña. Vivía rodeado de esqueletos y restos de animales a los que disecaba. Al recibir la visita de Hipócrates, Demócrito le contó que había sufrido tanto con su enfermedad que deseaba descubrir un tratamiento para curarla a otros y prevenir una recaída propia. En los cadáveres de los animales buscaba la sede de la «bilis negra», fuente de la melancolía.

Hipócrates encontró razonable y meritoria la actitud del filósofo, era también la suya: busca de la causa natural e intentar poner remedio. La etimología de la palabra melancolía deriva precisamente de este concepto griego de la bilis negra (melas-negro, chole-bilis), que va a perdurar muchos siglos, con añadidos tan pintorescos como la «melancolía ventosa», y sustituciones de la bilis como agente causal por «los vapores del bazo», el «fermento demoníaco» y la «suciedad melancólica».

En cierto modo resulta decepcionante comprobar que los griegos «ya lo han dicho todo». Es increíble la acumulación de talento, estudio, erudición, ordenación inteligente de los conocimientos de que dieron muestra estos ilustres predecesores de nuestra cultura. En los escritos de Hipócrates, Homero, Aristóteles, Areteo, Asclepíades, Plutarco y tantos otros, encontramos descripciones nítidas de procesos depresivos y maníacos. También de la sucesión de estos estados en la misma persona.

Por ejemplo, dice Areteo: «A mí me parece que la melancolía es el comienzo de la manía y parte de ella.» Los inteligentísimos griegos observaron también la evolución en ciclos y que al cesar los síntomas, a diferencia de otras formas de «locura», los melancólicos recobraban por completo su personalidad normal. También se dieron cuenta de la mayor frecuencia en unos tipos determinados de personalidad, e intentaron tratamientos. Aureliano, Galeno y otros romanos siguieron la misma pauta científico natural.

Otras culturas

En otras culturas, sin este sistema de pensamiento, también aparecen descripciones de la depresión. En las Sagradas Escrituras hay varios relatos minuciosos de depresiones, por ejemplo, la de un rey enemigo de Israel que: «...lleno de turbación púsose en cama y enfermó de tan intensa pena que... permaneció así en aquel lugar muchos días, porque iba aumentando su tristeza, de forma que pensó que se moría de tan abatido y oprimido de pesares como se encontraba... —¡En qué abismo de tristeza me hallo... se me presentan a la memoria los males que causé... ME MUERO DE MELANCOLIA...!». Podría ser el resumen de muchas historias clínicas de deprimidos actuales: contiene insomnio, tristeza insondable con sensación de muerte, inactividad, sentimientos de culpa y remordimientos, etc., los mismos síntomas que nos relatan tantos de nuestros pacientes, expresados en un lenguaje arcaico.

Con las invasiones de los Bárbaros, se eclipsa la cultura greco-romana en Occidente. Desaparece la figura del sabio profano. Los eruditos y pensadores son casi todos religiosos y entre otras muchas consecuencias nos encontramos con un enfoque nuevo, «espiritual», de la depresión. La observación de algunas formas de depresión, en las que sus víctimas están tan cargadas de sentimientos de culpa, hace que se interpreten ciertas manifestaciones depresivas como formas de pecado.

Para la valoración espiritual de la tristeza, síntoma tan dominante en las depresiones, los pensadores cristianos retoman las ideas de San Pablo, que hablaba de dos formas de tristeza: «Tristeza según Dios», que es en esencia la congoja del arrepentimiento por haberle fallado y «tristeza según el mundo», que «produce la muerte». La noción cristiana de culpa y arrepentimiento va asociada a la idea del perdón, del abrazo generoso de Dios al pecador arrepentido.

En el estudio retrospectivo de los períodos de tristeza de alguno de los grandes místicos cristianos, que los saben describir con tanta finura psicológica, es importante el dato de la esperanza en el perdón, para diferenciar la mera crisis espiritual de la depresión en la que «no hay esperanza». La depresión se interpreta como pecado. Es un español, San Isidoro de Sevilla, quien libera en su «De lamentatione animae dolentis» (qué bonito título para una sonata de piano y cello) a los pobres deprimidos de la convicción colectiva de que eran ellos mismos con sus culpas los responsables de la situación. San Isidoro explica que es una enfermedad producida o por una alteración de los humores, o por el efecto en el cuerpo de un disgusto, interpretación que coincide con las actuales.

Los místicos medievales

Los místicos y teólogos medievales tropiezan con una fuente de desorientación: las ideas de culpa y de condenación que tiene el deprimido. Se empeña en que ha pecado gravísimamente y en que esa es la causa de sus males. Se desprecia a sí mismo (esto podría ser un acto de virtud), pero también se «odia» (difícil de interpretar moralmente), además desea la muerte con vehemencia (si es para acercarse a Dios en un «muero porque no muero» sería virtud, pero si la causa es un rechazo de la vida y sus sufrimientos...), para colmo piensa con insistencia en el suicidio (el mayor de los pecados, el de Judas). Pese a tantas dificultades, los pensadores religiosos fueron identificando la depresión como enfermedad, sin relación con el pecado o las tentaciones del demonio, en cambio el suicidio no empieza a concebirse como expresión de enfermedad hasta fines del siglo XVI, y sólo por algunas mentes esclarecidas.

La hostilidad social en Occidente contra el suicida (tantas veces un deprimido) ha sido terrible hasta hace muy poco tiempo. El suicida estaba condenado moralmente (por toda la eternidad), también socialmente (no se le podía enterrar en sagrado, sus restos desmembrados o cenizas, recibían sepultura en algún lugar infamante, como en un cruce de caminos, a la familia se la condenaba al deshonor y al ostracismo...). En los países anglosajones la represión era aún más brutal que en los latinos, penalizaban de modo terrible la conducta suicida. Si uno de estos desgraciados no lograba morir por su mano, tenía pena de muerte en tormento. Para mejor hacerlo primero necesitaban curarle o remendarle, así duraría más y padecería más a fondo el «justo castigo» de los refinados suplicios a los que se le sometía hasta morir. Los humanos somos muy complicados.

Alguno de los místicos españoles ha tenido gran talento literario, y gracias a esta condición contamos con descripciones de una belleza y precisión difícilmente obtenibles en otra fuente. La «noche oscura del alma», «noche del alma», «desconsolación espiritual» expresan en ocasiones vivencias místicas puras y, en otras, se entrelazan con síntomas depresivos. Los místicos y los santos también enferman.

«Anatomía» de la melancolía

Vemos que durante muchos siglos la depresión no fue enfocada como tema médico sino espiritual, y centran la atención en grupo de síntomas inhibitorios que llaman acedia o acidia. En el siglo XVI regresa del terreno religioso al médico y resurge la denominación de melancolía, junto a otras como «toedium vitae».

Algunos de los libros sobre la depresión de fines del siglo XVI y del XVII causaron gran impacto en su tiempo, y siguieron reeditándose hasta entrado el siglo XIX. Destacan «A treatise of Melancholy» de Bright (1586), y el famoso «Anatomy of Melancholy» de R. Burton, publicado en 1624 y que influyó el pensamiento clínico durante dos siglos. Por el número de ediciones parece que se vendió de este libro en las dos centurias siguientes a su publicación el triple de ejemplares que de las obras de Shakespeare, fue un «best seller» continuo.

Paralelamente a las reediciones de la «Anatomy of Melancholy» (dos siglos es un período muy prolongado) se modificaban las posturas sociopolíticas y morales, y en cada nueva impresión se rehacían largas introducciones, intercalaban párrafos o simplemente los alteraban para conformarlos a las ideas del nuevo editor. En el prefacio de la edición de 1801 podemos leer «...y convencer a los jóvenes de ambos sexos de que una vida dedicada al hedonismo y a la búsqueda del concupiscente placer... embota las facultades de la mente... crea una fastidiosa apatía y laxitud y termina en melancolía...».

Este párrafo se suele reproducir en los tratados actuales con intención sarcástica, es curioso que encierre un intento de averiguar la causa de un fenómeno psicosociológico emparentado con lo que hoy llamamos pasotismo, y las sutiles relaciones entre aburrimiento y melancolía.

El aburrimiento como enfermedad

Algunos piensan que no es la depresión sino el aburrimiento la enfermedad de nuestro tiempo.

Los tratados de psiquiatría no tienen un capítulo que diga: «aburrimiento, formas clínicas», sin embargo creo interesante relatar una anécdota, de esas aparentemente insípidas pero que permanecen marcadas en la memoria, que me ocurrió en 1950, al inicio de la actividad como psiquiatra.

Trabajaba yo entonces con mi padre y maestro Antonio Vallejo-Nájera. Una tarde especialmente complicada con varios enfermos de asistencia urgente se presentó, sin previo aviso, un conocido de mi padre que traía a su hijo único, de 17 años, alarmado por la conducta del chico que «no logro que se interese por nada». Para no abandonar los casos urgentes y tampoco hacer esperar demasiado a éste, me encargó que fuese estudiando al joven. Recuerdo mi desesperación durante casi dos horas. No le encontré nada. Pensé que se debía a mi impericia, y extremé el cuidado en todas las pruebas de memoria, curso del pensamiento, atención, mímica, psicomotricidad, etc. Nada.

Un tanto humillado regresé con las anotaciones junto a mi padre. —No le encuentro nada anormal, sólo que se aburre. Mi maestro ensombreció la expresión, leyó atentamente los apuntes y dijo con tristeza: —Lástima, no pensé que fuese tan grave.

En aquel tiempo el aburrimiento como estilo de vida era una rareza.

Siglo XIX

En el siglo XIX los avances del pensamiento médico se centran en Francia. Dos psiquiatras, padre e hijo, Falret, dejan establecido el concepto de «locura circular» y de su carácter hereditario. La guerra francoprusiana desplaza hacia la Alemania triunfante y envalentonada los principales avances científicos; allí Kahlbaum describe claramente la melancolía y la manía no como dos enfermedades independientes, sino como dos fases opuestas de la misma dolencia. Por el carácter «circular» de la enfermedad la llama si es grave «vesania typica circularis», y si es leve con prontas recuperaciones espontáneas «ciclotimia».

El paso del siglo XIX al XX está marcado en Psiquiatría por dos grandes talentos, Kraepelin y Freud. Por desgracia nunca se pusieron de acuerdo, y sus enfoques de la depresión, diametralmente opuestos, se transmitieron a sus discípulos, que han actuado en compartimentos estancos dividiendo a la Psiquiatría en «psicodinámica» y «organicista».

Los seguidores de Freud y del psicoanálisis creen que la causa de muchas depresiones es psicológica. Consideran el estado de ánimo depresivo como una forma de adaptación, que funciona como mecanismo de defensa. Volveremos a este tema al describir las depresiones psicógenas y la neurosis depresiva, pero en resumen formularon la depresión como una manifestación de hostilidad, contra la persona amada a la que se perdió en la infancia. Existe una reacción de odio contra el objeto de amor perdido, por «haber desaparecido». Este odio a la persona amada provoca excesivos sentimientos de culpa. Para defenderse contra esta culpa, el individuo revierte los sentimientos de odio, y los dirige contra sí mismo, y tienen carácter de «autocastigo», de ahí la intensidad de sufrimientos del depresivo y que «se cierre a sí mismo todas las salidas». Por supuesto los psicoanalistas han ido evolucionando desde esta vieja interpretación, ya describiremos sus tesis actuales.

Kraepelin, y luego sus muchos seguidores (en realidad toda la Psiquiatría «oficial», universitaria, de los primeros cuarenta años de este siglo), rechazaron la interpretación psicoanalítica de Freud. Para ellos las depresiones, muy especialmente las englobadas en la psicosis maníaco-depresiva, eran «endógenas», de causa orgánica vinculada a factores hereditarios. La esencia está en una alteración del metabolismo en los sectores que afectan al sistema nervioso.

No podían demostrar cual era este elemento químico alterado, pero por una serie de razones, especialmente el carácter hereditario de la predisposición a padecer depresiones, la independencia que éstas manifiestan de los grandes traumas psíquicos y la vinculación de las psicosis maníaco-depresivas a un cierto tipo corporal (el pícnico) y a un temperamento (ciclotímico) demostrado por E. Kretschmer en los años veinte, estaban convencidos de que existe este trastorno químico o endocrino. En esencia era volver a la antigua interpretación «humoral», a la «bilis negra que causa la melancolía» de los griegos, con nomenclatura del siglo XX. Los últimos descubrimientos parecen haberles dado la razón.

Primer tratamiento curativo de una enfermedad mental

Mientras estos dos cuerpos de doctrina, psicodinámica y organicista, se desarrollaban sutilmente y sus defensores se enzarzaban en polémicas agrias e interminables, a los pobres enfermos deprimidos no les servía de gran cosa saber quién llevaba razón, porque nadie les traía remedio, seguía sin existir tratamiento eficaz. Los maníacos parecían calmarse con un complicado sistema de baños calientes muy prolongados, el insomnio se aliviaba con los hipnóticos barbitúricos (peligrosos y propensos a producir hábito), el apetito y la nutrición mejoraban parcialmente con aportes vitamínicos y... poco más.

Aunque los psiquiatras del primer tercio de siglo no podían curar a sus pacientes, hay que reconocer que los estudiaban muy bien. Sigue impresionando la sutileza diagnóstica y pronóstica que alcanzaron sin más medios que la observación.

En estos certeros análisis se encontraron de modo empírico los primeros tratamientos útiles en Psiquiatría, al comprobar que ciertas enfermedades orgánicas mejoraban los síntomas de los enfermos psíquicos. En un manicomio de Viena ocurrió una epidemia con fiebre elevada. Uno de los médicos, Wagner von Jaureg, supo valorar la mejoría que tras estas fiebres mostraron algunos de los enfermos más graves del hospital, los de «parálisis general progresiva de los enajenados de la mente».

Es fácil caer en el tópico de decir que estas observaciones eran fruto de la casualidad. Los enfermos mentales llevaban varios siglos hospitalizados en hacinamiento, padecían constantemente infecciones febriles y nadie se había fijado y reaccionado de un modo inteligente a la mejoría producida en los paralíticos. Wagner von Jaureg inició la búsqueda de otras enfermedades con gran elevación febril, por si también mejoraban a estos enfermos sin esperanza. Las enfermedades contagiadas deliberadamente debían ser enfermedades fácilmente curables y en aquella época, sin quimioterapia ni antibióticos, no eran tantas las que se podían manejar sin gran riesgo. La eficacia de la quinina en el paludismo, hizo que fuese esta la infección elegida. Tenía varias ventajas: Se transmite por inyección de sangre de un palúdico (así es como lo hacen los mosquitos), es una de las enfermedades con fiebre más alta, que cursa en accesos, y puede interrumpirse inmediatamente en el momento deseado con administración de quinina.

Este esquema tan simple funcionó. Tener paludismo unos 20 días curaba la «parálisis general progresiva de los enajenados de la mente». Era una de las más terribles enfermedades, su nombre lo indica; las víctimas sufrían una demenciación absoluta y en la etapa final tan graves trastornos motores que quedaban condenados a una silla, los «sillones de los paralíticos», en los que sujetos por cinchas de lona para que no se cayesen, babeantes, con la cabeza colgando, empapados en sus deyecciones, eran un trozo de carne sufriente, sin vida anímica, que esperaba el lento final.

¡Qué triunfo de la Medicina poder escribir el párrafo anterior en pretérito!, «era». Ya no «es», no existe más que como una desdichada excepción, en ningún país desarrollado.

Por primera vez en la historia, se disponía de un tratamiento que curaba enfermos mentales graves y de la esperanza razonable de hallar terapéutica eficaz para otros.

En la década de los veinte se hicieron otras dos observaciones que iban a cambiar la suerte de cientos de miles de enfermos: La insulina aliviaba ciertas enfermedades mentales y algunos pacientes, que además de su enfermedad mental padecían epilepsia, mejoraban de los síntomas mentales después de cada ataque epiléptico.

La insulina acababa de descubrirse y lograron la producción de laboratorio. Entre otros efectos tiene el de abrir el apetito. Se comenzó a utilizar en los hospitales psiquiátricos con este fin, mejorar la nutrición y el estado general de enfermos que llegaban emaciados, como los morfinómanos que no querían comer por su agitación en las curas de desintoxicación. Los médicos encontraron que no sólo lograba el efecto esperado, sino que además calmaba rápida y eficazmente la excitación y violencia del enfermo. No había más sedantes que los peligrosos hipnóticos barbitúricos, por lo que este efecto de la insulina resultó una bendición. En todos los manicomios del mundo, la «agitación» (excitación violenta que requiere contención forzosa) era una pesadilla. Ensayaron la insulina, en altas dosis (el llamado «choque insulínico», o técnica de Sakel), en otros enfermos agitados, como maníacos y esquizofrénicos. En la manía no se obtuvieron resultados alentadores, pero muchos esquizofrénicos no sólo cedieron en su agitación, sino que, con asombro de los médicos, mejoraban tanto de sus restantes síntomas esquizofrénicos que podían abandonar el hospital y reemprender vida normal.

De nuevo por primera vez en la historia otra enfermedad mental con tratamiento eficaz, la esquizofrenia, la más característica representación de la enfermedad mental.

PRIMER TRATAMIENTO EFICAZ DE LA DEPRESION

Por el momento ni los deprimidos ni los maníacos se beneficiaban de los nuevos tratamientos. La esperanza se inició con el otro hallazgo: la mejoría tras los ataques epilépticos espontáneos.

Se trataba de lograr la provocación artificial de ataques epilépticos y observar los resultados. Hoy se sabe mucho de los mecanismos fisiopatológicos de la epilepsia, pero entonces se ignoraba casi todo. Un accidente por inyección supuestamente intramuscular de cardiazol, que pasó a intravenosa, desencadenó un ataque epiléptico. De nuevo un observador inteligente en el momento oportuno, von Meduna. El cardiazol por vía intravenosa desencadena ataques epilépticos, ¿se obtendrían, con estas crisis convulsivas artificiales, los mismos beneficios observados tras los ataques epilépticos espontáneos? La respuesta fue afirmativa.

Es muy difícil comprender hoy, con tantas posibilidades terapéuticas, el rayo de esperanza que suponía para los enfermos mentales «incurables» desde tiempo inmemorial y para sus familias, la aparición de cada uno de estos primeros intentos de recuperación.

En este caso los más beneficiados fueron precisamente los maníacos y los grandes deprimidos. También mejoraban muchos esquizofrénicos, pero en la psicosis maníaco-depresiva el efecto de los choques cardiazólicos tenía un carácter casi «milagroso», los síntomas desaparecían como por ensalmo a las pocas sesiones de tratamiento.

Lo malo era el alto precio de sufrimiento que tenía que pagar el deprimido por su curación. Lo recuerdo muchas veces cuando en mi consulta, un deprimido liberado en diez días de sus síntomas por la medicación actual, al escuchar que debe seguir tomándola unas semanas contesta indignado: ¡Pero es que voy a tener que estar tomando SIEMPRE unas pastillas que secan la boca! No reaccionaría de ese modo si conociese el calvario por el que pasaron sus predecesores para obtener el mismo resultado.

Un ataque epiléptico de los llamados de «gran mal», con crisis convulsiva generalizada es un espectáculo que aterroriza. Las convulsiones, ojos en blanco, espuma en la boca, etc., se han interpretado a lo largo de la historia como influencia del otro mundo, como un mensaje de los dioses («enfermedad sagrada»), o de los malos espíritus (los epilépticos muchas veces fueron tratados de «endemoniados»). Este es el punto de vista del espectador, y puede adivinarse la angustia de la familia de la víctima. El epiléptico, en cambio, tiene un consuelo: no presencia su crisis, pierde el conocimiento al iniciarla. Se despierta obnubilado, con un recuerdo confuso de lo ocurrido. Si los allegados se empeñan en disimular, le arreglan las ropas, y no tiene dolores como consecuencia de los golpes que se dio durante las convulsiones y no se ha mordido la lengua, en ciertos casos puede no enterarse de que ha tenido el ataque. He conocido algunos epilépticos que no sabían que padecían esta enfermedad, gracias a las precauciones y a este silencio, de oportunidad muy discutible, de la familia.

El drama del paciente sometido a la crisis de gran mal provocada por el choque cardiazólico, es que el ataque es idéntico en todo menos en una cosa: El sujeto no pierde instantáneamente la conciencia al comienzo de la crisis, la conserva durante unos segundos, y este retardo le convierte en un espectador aterrorizado de su ataque. Nota las convulsiones, los violentísimos movimientos incontrolables, el espasmo de las mandíbulas, la relajación de esfínteres, etc. Los enfermos vivían esta experiencia con una angustia indefinible. A pesar de la mejoría inmediata de su dura enfermedad, algunos preferían no curarse con tal de no pasar de nuevo por esos instantes de terror. El miedo al tratamiento cardiazólico era para muchos insuperable. Es probable que el cardiazol, en dosis convulsivógenas, provoque angustia por sí mismo, con independencia del susto de presenciar su propio ataque epiléptico. Yo trabajé en crisis cardiazólicas en las ratas para mi tesis doctoral, sobre la epilepsia audiógena de la rata, y recuerdo la expresión de miedo y desconcierto de los animales, mientras trataban de mantener su postura luchando con las primeras contracturas musculares. La rata no es un animal con mucha modulación mímica, y, sin embargo, la expresión de un elevado nivel de pánico era llamativa. Pensé que podía ser imaginación mía, influido por haber hablado de su miedo con muchos enfermos sometidos al tratamiento cardiazólico, e hice presenciar a otros mis experimentos con las ratas, y todos llevaron la misma impresión. Interrumpí los experimentos.

La misión de los investigadores médicos estaba clara. Debían buscar otra forma de provocación de ataques epilépticos, menos penosa que el cardiazol intravenoso. Lo consiguieron dos médicos italianos en los años treinta, Binni logró crisis convulsivas en los animales por el paso de una corriente eléctrica a través del cerebro. Ugo Cerletti hizo las primeras aplicaciones clínicas, y desarrolló la técnica de la electroconvulsoterapia, conocida popularmente como electrochoque, que lleva el nombre de estos dos investigadores: «método de Cerletti-Binni».

El electrochoque presentaba ventajas muy importantes sobre el cardiazol. Las convulsiones son mucho menos violentas, y fundamentalmente la pérdida de conciencia es instantánea, precede a todos los demás síntomas, y esta crisis epiléptica provocada, al igual que la espontánea, va seguida de amnesia del episodio. En resumen, el paciente no recuerda la crisis, puede llegar a no enterarse de que ha estado sometido a tratamiento con electrochoque.

Este tratamiento, por sí solo, transformó en la década de los cuarenta el aspecto de todos los hospitales psiquiátricos del mundo y el destino de cientos de miles de enfermos. Su indicación más precisa eran las depresiones y episodios maníacos, pero resultó útil en diversos cuadros graves de agitación psicomotriz, en la esquizofrenia, en el síndrome de abstinencia de los toxicómanos, etc.

Viendo la historia de la depresión desde el punto de vista del más interesado, el enfermo que la padece, nos encontramos en la década de los años cuarenta con que había una terapéutica muy eficaz, el electrochoque, con serios inconvenientes y que es un tratamiento al que nadie querríamos someternos si pudiésemos elegir.

El tema de que «nadie querríamos someternos si...», es muy importante. Lo abordaremos detenidamente al estudiar los tratamientos actuales de la depresión y el lugar que el electrochoque ocupa entre ellos.

Haremos un paréntesis en la historia de los tratamientos para comentar con detalle la enfermedad y la preparación de la consulta.

5. Cómo preparar la consulta

CONSULTA CON EL MEDICO GENERAL

Es habitual que el deprimido consulte inicialmente a su médico de cabecera o a un médico general. Muchas veces es también suficiente. Todos los médicos reciben entrenamiento psiquiátrico, y si el caso le parece leve, como son la mayoría de las depresiones, preferirá ponerle él mismo un tratamiento inicial, para evitarle las molestias de ver a un nuevo médico, «volver a contar toda mi historia», los desplazamientos, gastos, etc.

No olvidar que el deprimido, la primera vez que padece la enfermedad no la identifica y tiene tendencia a hablar sólo de sus síntomas físicos (falta de apetito, insomnio, etc.), y encima disimula en la consulta su aspecto tristón y alicaído. Esta última reacción es fácil de comprender si recordamos que los dolores de muelas se nos pasan en la antesala del dentista, pero la realidad es que el médico no puede ser un adivino, y los síntomas depresivos hay que contárselos.

Las enfermedades psíquicas no dan signos reconocibles en las radiografías por percusión o auscultación, se diagnostican por lo que hace y por lo que dice el enfermo, DISTINTO DE SU CONDUCTA HABITUAL.

Cualquier variación importante de conducta, por ejemplo la del deprimido, debe ser objeto de consulta y conviene que le acompañe algún miembro de la familia, que tiene la DIFICIL OBLIGACION de completar los datos que no proporciona el paciente.

Al recriminarles que no han prestado esta ayuda suelen decir con expresión de asombrada inocencia: «¿Pero, cómo íbamos a comentar delante de él que está anormal, si no lo reconoce?, no nos atrevimos»... «suponíamos que ustedes los médicos tienen costumbre», etcétera.

Es cierto que algunos deprimidos se niegan a aceptar la índole emocional de su enfermedad, y se irritan con sus parientes cuando lo comentan en casa y mucho más en la consulta. Son PRECISAMENTE LOS QUE NO le van a contar al médico más que los síntomas somáticos. El lector no puede imaginar, porque parece absurdo, la cantidad de deprimidos que en mi consulta de psiquiatra no me han hablado más que de sus dolores de cabeza y cansancio. Sólo al preguntarles si están tristes y lloran a solas, se les llenan los ojos de lágrimas y lo confirman. Si no se les pregunta es probable que marchen sin diagnóstico adecuado.

El paciente al principio cree que si está triste eso es cosa suya y que se debe a sus problemas, y que si ha notado que no rinde en el trabajo y está haciendo una serie de maniobras para que en la empresa no se percaten, es también problema suyo que no hay porqué destapar en una consulta médica.

¿Cómo informar al médico sin que el enfermo se ofenda? La familia debe avisar antes por teléfono, o a través de la enfermera, o escribir una carta, anticipando el problema fundamental y la dificultad para relatarlo. Hay infinidad de recursos. NO HAY DISCULPA para omitir la información, puede ser fatal para el paciente.

Si el médico general advierte que con su tratamiento no mejora en el tiempo esperado, enviará al deprimido a un psiquiatra. Después de un primer episodio depresivo, el paciente, por iniciativa propia, acude, en caso de recaída, directamente al especialista, o vuelve a su médico de cabecera si así lo prefiere.

CONSULTA CON EL ESPECIALISTA. DATOS QUE CONVIENE TENER PREPARADOS

No se pretende que el paciente, que además sufre la apatía del deprimido, lleve elaborado todo su historial clínico. El que tiene la obligación de preguntar es el médico, pero hay que ayudarle. Existe un tipo de familia que se esmera durante la consulta en afirmaciones contradictorias y discusiones interminables entre ellos. Son muy frecuentes: «No, la que estuvo internada en un manicomio es tu tía Ignacia, hermana de tu abuela.» «Ni hablar, no era hermana de mi abuela, si lo sabré yo, era la mujer de un hermano de mi abuela, así que no soy descendiente; en la familia en la que hay un montón de locos es en la tuya»... «Ahora no nos preguntan ESO, nos preguntan por TU FAMI-

LIA»... «No, no fue el año 79 cuando tuviste la segunda crisis, recuerdo que yo estaba embarazada de Luisa...»

El médico casi siempre está desbordado por la cantidad de trabajo pendiente, no es bueno acentuarle esa sensación con estorbos innecesarios a su difícil tarea. Tiene la obligación de aguntarse y dominar la prisa, pero ¿qué ganamos con echarle la zancadilla cuando nos quiere ayudar?

Dentro de las zancadillas más frecuentes está la de privarle de los informes y tratamientos de los médicos que han visto antes al paciente, ya que los episodios psicopatológicos anteriores, que el enfermo considera «iguales a éste», pueden haber sido objeto de diferente diagnóstico: «...se nos ha olvidado traer los papeles, los hemos dejado en casa y venimos de Zamora». Los VA A PEDIR EL MEDICO, hay que llevarlos.

Existe también la zancadilla en dirección opuesta. Algunas familias guardan cuidadosamente en un cajón TODOS los papeles relacionados con enfermedades de distintos miembros de la familia MEZCLADOS. Aparecen en la consulta con tres enormes carpetas reventando, con radiografías de la suegra de hace veinte años, análisis, centenares de recetas sin identificar a quién corresponden. «Esta también es tuya.» «Qué va a ser mía, si es del ginecólogo.» «Esta radiografía creo que es de Josefita.» «Que no, mujer, que no, que es de aquella invitada que tuvo pulmonía...»

¿Exageración? Ya les invitaría a que asistiesen un día a la consulta.

De «lo que hay en casa» el médico precisa los diagnósticos, tratamientos e informes de los médicos anteriores, especialmente del último; las radiografías, electroencefalogramas, scanners, análisis, etc., que los médicos anteriores hayan considerado relevantes.

MUY IMPORTANTE la relación de los MEDICAMENTOS QUE ESTA TOMANDO o ha tomado recientemente, SIN OLVIDAR NINGUNO. Precisamente en las depresiones se usan fármacos que son INCOMPATIBLES con otros también útiles pero cuya mezcla es tóxica, y hay que dejar unos días entre los tratamientos.

LOS ANTECEDENTES FAMILIARES Y PERSONALES

Los ANTECEDENTES FAMILIARES, si se pueden dar con precisión, orientan al médico sobre modalidad probable de evolución, pronóstico espontáneo, etc., pero casi nadie los puede proporcionar correctamente, se calcula que sólo se relatan en las consultas un 10 por ciento de estos datos. En las generaciones anteriores se escondían, incluso a los hijos y otros parientes inmediatos. La enfermedad mental del padre o la madre era un secreto cuidadosamente disimulado, del que se hablaba con eufemismos: «Cuando Teresa estuvo delicada...»

LOS ANTECEDENTES PERSONALES. En la primera consulta no hay necesidad ni tiempo de analizar minuciosamente la biografía del enfermo. En los casos que precisen psicoterapia ya se hará este análisis en sucesivas consultas.

En cambio hay que relatar en la primera consulta los grandes acontecimientos, como orfandad precoz, separación, privaciones, carencias afectivas, traumas por una figura hostil en la infancia o cualquier otro tipo de sufrimiento inhabitual. Importa enunciar con ecuanimidad los grados de adaptación social, familiar y laboral a lo largo de la vida, y de modo especial si han variado en el año anterior a la enfermedad.

Un precedente esencial es el de las alteraciones del estado del ánimo. ¿Ha tenido antes temporadas en que estaba injustificadamente alegre, o triste? Es importante valorar la intensidad y duración de esas variantes. LO ESENCIAL es no olvidar si el paciente ha sufrido previamente una alteración del estado de ánimo opuesta a la que ahora tiene, es decir, de alegría enfermiza si ahora está deprimido, o una depresión anterior si ahora se presenta eufórico. Insistimos tanto porque con este dato cambia incluso el nombre de la enfermedad (se habla de «trastorno bipolar» o de «psicosis maníaco-depresiva», según las nomenclaturas), y lo que es mucho más importante: EL TRATAMIENTO ES DISTINTO si ha habido una fase de signo contrario.

En esta fase de la consulta el médico pasa a analizar la enfermedad actual, y sus preguntas se adaptarán a las posibles modalidades clínicas, que describimos en el siguiente capítulo.

6. Manifestaciones clínicas de una depresión típica («episodio depresivo mayor»)

FORMA DE COMIENZO

Suele ser lento, iniciándose con varios días o semanas de malestar general y apatía. El paciente expresa quejas hipocondríacas (muy aprensivo y preocupado por su salud), a las que va concediendo progresiva importancia. Simultáneamente se entristece y comienza a llorar a solas hasta que, al levantarse una mañana, aparecen alarmantemente intensificados los síntomas, pasando al período de estado. Existen casos raros en que el comienzo es brusco, y el enfermo que se acostó normal o eufórico, aparece por la mañana sin querer levantarse y con el cuadro clínico de la depresión en pleno desarrollo.

HABITO GENERAL. El espectro típico del deprimido es el de una persona aniquilada por la tragedia, menos cuando logra por un rato componer la figura, lo que hemos comentado que puede a veces hacer precisamente al acudir a la consulta por vez primera. La mímica es de tristeza, con llantos frecuentes e incontrolables. Gestos abatidos, brazos caídos, la mirada de angustia o perdida en el vacío. Ante las palabras de ánimo o una broma afectuosa puede animarse brevemente, para descender de nuevo a su desolación a los pocos minutos.

En los casos de depresión acentuada no se logra sacar al enfermo una sonrisa durante toda la enfermedad. Uno de los primeros signos de que se inicia la mejoría es que sonríe por vez primera, después de tanto tiempo sin hacerlo.

ACTIVIDAD

El descenso de actividad, física y psíquica, es junto a la tristeza el otro síntoma fundamental de la depresión. La sensación subjetiva es de astenia intensísima, «cansancio infinito». La sola idea de cualquier labor rutinaria le abruma, «no puedo». Por las mañanas al despertar, el momento peor del deprimido, le resulta un tormento enfrentarse con un nuevo día. Generalmente se sienta en el borde de la cama con las piernas colgando, tarda minutos en colocarse las zapatillas, y antes de vestirse a medias se ha vuelto a echar. Si se le hace levantar, a la menor ocasión regresa al lecho, y si no le permiten acostarse permanece sentado, cabizbajo e inactivo.

INHIBICION DEL CURSO DEL PENSAMIENTO

LA INHIBICION DEL CURSO DEL PENSAMIENTO la expresa: «me cuesta trabajo pensar». Las ideas fluyen lentamente, con dificultad, los recuerdos tardan en asociarse.

En contraste con el tempo psíquico retardado y la inhibición de toda actividad mental normal, brotan en abundancia las ideas depresivas y los pensamientos tristes, parece que van a favor de la corriente, se asocian con facilidad constituyendo la actividad psíquica casi exclusiva del enfermo que «siempre vuelve a lo mismo». También su casi única actividad física es la desplegada para manifestar su estado de ánimo, llantos, gestos de desesperación, quejas, suspiros.

IDEAS DE SUICIDIO

A algunas personas les sorprende la «falta de tacto» del médico, que pregunta abiertamente al enfermo sobre sus tentaciones de suicidio. Tiene la obligación de preguntar, el paciente no se acongoja, suele sentir un gran alivio al confesarlas, lleva mucho tiempo luchando con ellas en su interior, ahora se sentirá menos solo.

El médico indaga primero si tiene «ideas negras», luego pregunta por la desgana de vivir. El deprimido asiente con vehemencia, «sí, es lo único en que pienso», y asoman unas lágrimas. «No me he suicidado por mis ideas y por mis hijos, pero si sigo así, no sé hasta cuando tendré fuerzas.»

No basta con que el enfermo «decida» no suicidarse. Es una barrera importante pero no suficiente. Hay que estar a su lado, apoyándole en esta etapa.

OSCILACIONES E IRRADIACION DEL ESTADO DE ANIMO

Es típica la capacidad del deprimido para contagiar su estado de ánimo, entristece a cuantos le rodean (irradiación afectiva). También se contagia él del estado de ánimo de los demás (sintonización afectiva), y gracias a esta condición se le consigue tranquilizar, e incluso poner alegre, aunque a los pocos minutos vuelve a sumirse en la depresión. La resonancia afectiva para los estímulos concordantes con su estado de ánimo (los deprimentes) es muy superior a la que tiene para los de signo opuesto, y de mucha mayor duración. Mezclada con la tristeza va siempre una carga de ansiedad, que puede ser tan intensa que domine el cuadro, son las llamadas «depresiones ansiosas».

IDEAS DELIRANTES

En Psiquiatría se llama ideas delirantes a las ideas falsas, sobrevenidas patológicamente (no por engaño o por otro proceso normal), e irreductibles por la argumentación lógica (no se le puede convencer). En la depresión estas ideas aparecen de modo secundario, como derivadas de una necesidad interna del paciente de explicarse a sí mismo y explicar a los demás su tristeza y desesperación, de encontrarles motivo, por lo que tales ideas son concordantes con el estado de ánimo: ideas de autodesprecio, «soy un miserable», «no sirvo para nada», «no merezco vivir», «soy un estorbo para todos», etc. Ideas de autoacusación, «soy un monstruo», «he sembrado el daño en mi derredor», «tengo la culpa de la muerte de...», de ruina, o de pérdida de afecto, «ya no me quiere, me he vuelto un estorbo para él, y le acosan tantas mujeres atractivas...».

ALUCINACIONES

Las alucinaciones son falsas percepciones de los sentidos, ver algo que no existe, oír palabras o ruidos, gustar sabores, tocar o sentirse tocado sin que exista base real para tales percepciones.

Las alucinaciones son menos frecuentes que las ideas delirantes en la depresión, son una rareza y dan un carácter atípico a la depresión. Siempre que aparecen están relacionadas con las ideas delirantes, y puede resultar difícil diferenciar si lo que el enfermo expresa es una alucinación (percepción), o una idea delirante (convicción). Los episodios alucinatorios por lo general son nocturnos o de la transición vigilia-sueño. Los pacientes afirman que han visto «caras que hacen muecas de burla y desprecio», o han oído en la noche «los gritos horribles de los torturados por mi culpa».

INTELIGENCIA Y DEMAS FUNCIONES PSIQUICAS CONSERVADAS

El deprimido conserva íntegras varias funciones psíquicas como inteligencia, juicio, raciocinio, percepción, pero no puede ponerlas en juego debido a su apatía e inhibición. Es como un atleta que conserva su musculatura pero está atado a una silla.

SINTOMAS SOMATICOS

Hemos mencionado la abundante floración de síntomas somáticos de las depresiones. EL INSOMNIO aparece precozmente y es uno de los últimos síntomas en desaparecer. Las personas que han sufrido varias fases depresivas tienen pánico a dos noches seguidas de insomnio «porque ya sé que me viene encima otra depresión». Es resistente a las medicaciones hipnóticas, y hay el riesgo de que por miedo a no dormir se habitúe a los hipnóticos. ANOREXIA, la pérdida de apetito puede ser acentuada «no logro pasar un bocado». En familias con mentalidad primitiva se organiza una verdadera lucha para que el paciente coma «te vas a debilitar», «si no comes no te curarás», etc. La necesidad calórica del ser humano en reposo es pequeña, y el deprimido no va a mejorar antes por comer más, si adelgaza se alegrará al curar, es la única ventaja que le queda de la enfermedad, porque el curarse con los tratamientos actuales abre mucho el apetito y hay tendencia al aumento de peso, resultado que hoy casi nadie desea. EL ESTREÑIMIENTO se asocia con meteorismo, es un estreñimiento hipotónico, con disminución de la motilidad intestinal. LA DISMINUCION DE LA LIBIDO Y DE LA CAPACIDAD SEXUAL acompañan a toda la depresión, tanto en el hombre como en la mujer. LA FA-

TIGABILIDAD MUSCULAR, independiente de la inhibición con la que se combina, dando el cuadro tan llamativo de hipodinamia y de astenia de la depresión.

RITMO DE LA SINTOMATOLOGIA

Ya hemos comentado este carácter tan típico de las depresiones endógenas, el ritmo fluctuante de la presentación de síntomas, útil para diferenciarlas de las depresiones reactivas. Entre la iniciación de la enfermedad y su desaparición hay varios «baches» con acentuación de los síntomas, alternando con otros períodos de mejoría. Dentro de cada día ya sabemos que empeora al despertar y mejora al atardecer, «ayer antes de la cena estaba completamente normal, y esta mañana...».

EVOLUCION Y PRONOSTICO SIN TRATAMIENTO

La evolución espontánea de la depresión cursa en fases. Este tipo de curso se caracteriza por alternar los episodios patológicos con épocas de remisión desprovistas en absoluto de síntomas. La DURACION MEDIA de una fase depresiva sin tratamiento es de dos a cuatro meses en la primera fase. Luego se van alargando las fases depresivas que pueden durar de uno a dos años.

Existen depresiones que constituyen un episodio único que no se repetirá ya nunca en la vida del enfermo. EL PRONOSTICO es bueno en cuanto a la recuperación en plenitud de las facultades mentales pasado el episodio depresivo.

7. Manifestaciones clínicas de una fase de intensa euforia patológica. Manía y trastorno bipolar

En la nomenclatura psiquiátrica más difundida hoy (DSM-3) no se usan «trastorno maníaco» ni «psicosis maníaco-depresiva» como categorías diagnósticas, pero se siguen encontrando estos nombres en la práctica, en diagnósticos realizados anteriormente, y muchos médicos los seguirán usando, por lo que conviene saber qué significan. La descripción clásica de los síntomas es la que puede dar una idea más clara al lector.

MANIA (GENERALIDADES)

EL SINDROME MANIACO O MANIA es el cuadro clínico opuesto en espejo a la depresión. Se habla de FASES MANIACAS O EPISODIOS MANIACOS. Aparecen EN LA MANIA LOS MISMOS SINTOMAS DE LA DEPRESION PERO CON SIGNO CONTRARIO: En vez de tristeza, alegría; en lugar de apatía una gran actividad, etc. Tienen también los estados maníacos algunos rasgos comunes con la depresión. Vamos a enunciar por separado los rasgos de signo opuesto y los comunes.

CARACTERES FUNDAMENTALES DE SIGNO OPUESTO A LOS DEPRESIVOS: *a)* Alegría inmotivada, vital, con exaltación del ánimo y optimismo irrefrenable. *b)* Exaltación de la psicomotricidad, de la actividad, de la iniciativa, del pensamiento que se vuelve muy rápido. Si aparecen ideas delirantes son también de signo opuesto a las de la depresión: ideas delirantes de grandeza, de poderío, de hipervaloración del yo. Sensación física de placer y bienestar.

EL MANIACO NO SE CONSIDERA ENFERMO

En realidad se encuentra mejor de como lo ha estado en su vida, no desea modificar su estado, NI SE LE OCURRE QUE DEBE IR AL MEDICO a curarse (¿de qué?, diría él), hay que inventar algún pretexto para que acuda a la consulta, por ejemplo que acompañe a otra persona, o que «le vean para estudiar su asombrosa memoria y rapidez de pensamiento, como un caso interesante», etc. En algunos casos resulta imprescindible la hospitalización breve, aún en contra de su voluntad. El motivo de «curarle» a la fuerza es la PELIGROSIDAD DEL MANIACO, particularmente para sí mismo, porque los síntomas maníacos le pueden llevar al desprestigio y la ruina.

CARACTERES COMUNES DE LA MANIA Y DE LA DEPRESION

Estas «dos caras de la misma enfermedad» tienen algunos rasgos comunes: 1) Labilidad afectiva. Tanto en la manía como en la depresión hay tendencia a breves oscilaciones del estado de ánimo, para volver cada uno rápidamente a su estado de ánimo fundamental, que en la manía es el de alegría-euforia. 2) También tienen en común la evolución de la enfermedad, con tendencia a cursar en fases, es decir, con episodios de enfermedad intercalados entre períodos en que el sujeto recupera su normalidad, totalmente libre de síntomas. 3) En ambas se conservan las facultades intelectuales, que no se deterioran pese a la repetición de las fases.

CUADRO CLINICO DE LA MANIA

Comienzo

Al contrario que en las depresiones, suele ser brusco, apareciendo los síntomas en toda su intensidad al levantarse, o en el transcurso de pocas horas o pocos días. Algunos enfermos con fases maníacas presentan el mismo síntoma a la iniciación de todas ellas, repitiéndose de modo casi fotográfico. Este síntoma iniciador de la manía se llama «SINTOMA SEÑAL» y es distinto en cada enfermo (uno de mis pacientes ha comenzado sus cinco fases maníacas asomándose a la ventana de su casa «a echar un discurso», otro inicia todas las suyas apareciendo con los botones de la camisa sin abrochar, otro siempre comienza regalando en la calle sus ropas a un mendigo, etc.). La familia en cuanto percibe el «síntoma señal» sabe que se inicia una fase maníaca y que deben actuar. Existen casos en que a la fase maníaca la preceden unos días de síntomas depresivos.

Aspecto general

El enfermo aparece radiante, lleno de vida, de fuerza, los gestos de su cara expresan alegría desbordante, las posturas y movimientos denotan la satisfacción consigo mismo. Las ropas están a tono con el estado de ánimo, prefieren los colores chillones, diseños llamativos, atuendos juveniles. Si la manía es intensa tienden a desnudarse en público, etc.

Actividad

Domina el cuadro clínico. El enfermo se mueve incansable. Desde que despierta muy de mañana, siente la necesidad de emprender numerosas tareas, que comienza a ejecutar afanosamente para dejarlas a medio hacer y pasar a una nueva. Por ejemplo, se le antoja la necesidad de cambiar todos los muebles de la casa de una habitación a otra «para un mejor reparto»; y cuando ya tiene acumulados en el pasillo los muebles del dormitorio olvida la necesidad de la mudanza, va al teléfono a realizar varias conferencias interurbanas o internacionales a personas que apenas conoce para proponerles negocios. Acude a su despacho, saca los papeles archivados, también «para ordenarlos mejor» y deja la alfombra sembrada con ellos, sale a la calle de compras y reaparece con treinta discos compact, tres escobas y una máquina italiana para hacer helados, acompañado del taxista al que ha convidado a comer en su casa, etc. Cambia constantemente de actividad. Cualquier estímulo interno le distrae de la tarea para iniciar otra. No da señales de fatiga pero es incapaz de perseverar mucho rato en la misma ocupación. Habla sin parar, a gran velocidad y ríe, con una risa contagiosa (menos para los que le quieren, que están muy alarmados). Está afónico por tantas horas de hablar ininterrumpidamente.

Lenguaje y curso del pensamiento

La rapidez vertiginosa de sus actos es más acusada en el pensamiento. En su cabeza brotan ideas en torbellino, cada estímulo induce multitud de asociaciones, por lo que pese a la rapidez con que habla y que no para de hacerlo, no le da tiempo a expresar todos los eslabones de conexión de sus ideas, así salta de una a otra, dando a su lenguaje torrencial la falsa apariencia de incoherente. A este fenómeno se llama FUGA DE IDEAS y es típico de la manía («pensamiento idcofugitivo»).

Estado del ánimo

Opuesto al de la depresión, se caracteriza por la alegría desbordante. Ríe espontáneamente, y su alegría aumenta al hablar con los demás, mientras no se le oponen. Optimista, ve todo de color de rosa, todo le parece fácil y al alcance de la mano. Presenta, igualmente que el deprimido, las facultades de sintonización e irradiación afectivas, contagia su alegría a los demás (igual que el deprimido entristece a los acompañantes). Sus chistes hacen gracia y a su vez él se influencia, aunque sólo sea momentáneamente, con el estado de ánimo de sus interlocutores. Junto con la alegría presenta, de modo en apareciencia incongruente, una ACUSADA IRRITABILIDAD. Si los parientes intentan oponerse a sus deseos (de cambiar los muebles, etc.) se enfada y LLEGA CON FACILIDAD A LA AGRESION. Si la oposición del ambiente es tenaz, se desencadenan los temibles episodios de «FURIA MANIACA», con su peligrosidad.

Peligrosidad del maníaco

Está basada en su irritabilidad y en las agresiones que comete impulsado por ella. Por otro lado, en las consecuencias de sus ideas delirantes, por ejemplo tirarse de una torre con un paraguas abierto, «paracaídas de mi invención», o peligros de tipo social y económico por la sobrevaloración de su capacidad, como acciones políticas violentas, por ejemplo, oponerse él solo a una manifestación extremista en marcha. Los riesgos más frecuentes son del sector económico y laboral, como firmar cheques en blanco, donar todos sus bienes a una fundación benéfica, etc., que pueden suponer su ruina, o el desprestigio en el puesto de trabajo, pues en la empresa les será difícil aceptar que esa persona que se porta de modo irracional y destructivo para los intereses empresariales, va a volver a ser un colaborador útil en cuanto se cure; tiene el riesgo de no recuperar la confianza que inspira en su medio de trabajo.

Ideas delirantes

Son generalmente de grandeza. Asegura poseer riquezas, conocer íntimamente a jefes de estado a los que escribe, llama por teléfono e intenta ver. No mantiene mucho tiempo la atención en la misma idea, sino que pasa de una a otra sin tener en cuenta las anteriores, hasta que retorna a ellas. El paciente adopta actitudes acordes con las ideas delirantes (tono autoritario, miradas «donjuanescas», etc.) por lo que se dice que «representa su papel».

Funciones psíquicas conservadas

Conserva las capacidades de percepción, identificación y claridad de la conciencia, orientación y memoria. A veces aparecen incluso agudizadas, como sutileza para percibir estímulos de mínimos y la sorprendente capacidad para rememorar hechos que normalmente tiene olvidados (poesías aprendidas en la infancia, el nombre de todos sus compañeros de servicio militar, etcétera), por lo que se habla de «hipermnesia maníaca». Tiene capacidad de dirigir la atención, pero no de mantenerla, ya que varía con cada nuevo estímulo.

Síntomas somáticos

Llamativo insomnio, con la característica de que a las pocas horas de sueño se despierta descansado, fresco como una rosa, parece no necesitar apenas dormir. Es difícil saber si existe anorexia, pues pide gran cantidad y variedad de alimentos, a poco de empezar a comer interrumpe la comida lanzándose a cualquier otra actividad. Presenta un incremento generalizado del biotono y aceleración de los procesos vitales (aumento del metabolismo, del pulso, de la presión arterial, etcétera.). En las mujeres se presenta amenorrea en casi todas las fases maníacas. Es típico y acusado el aumento de la sudoración.

Ritmo de la sintomatología

Está sujeta, igual que en la depresión, a fluctuaciones constantes de intensidad, tanto de unos días a otros en su conjunto, como dentro del mismo día, sin que exista en la manía el ritmo fijo de acentuación matutina y alivio vespertino que encontramos en la depresión. La intensidad de los síntomas maníacos se influencia claramente por los estímulos externos (por ejemplo, la contención forzosa provoca casi inevitablemente accesos de furia maníaca). Hay que sedar al paciente para su traslado en ambulancia.

Evolución espontánea y pronóstico

La evolución es parecida a la de las depresiones endógenas: fases maníacas seguidas de períodos intervalares completamente libres de síntomas, en los que el individuo reemprende sus tareas con total normalidad. La duración, sin tratamiento, puede ser de unos pocos días a varios meses. En la manía se observa menor tendencia que en la depresión hacia la cronicidad.

Frecuencia de las fases

Es muy variable de un paciente a otro, desde la presentación de una fase maníaca por una sola vez en la vida del enfermo, hasta la repetición periódica, mediando según avanza la edad del enfermo, períodos cada vez más breves de remisión y haciéndose más largas las fases patológicas. Las fases de manía pueden alternar, en el mismo enfermo, con otras de depresión. Existe una influencia estacional, con preferente aparición de las fases en primavera. El pronóstico en cuanto a la vida del paciente es mejor que en las depresiones, pues no existe la tendencia al suicidio, y los accidentes mortales provocados por las ideas delirantes son muy raros. Con los tratamientos actuales es fácil lograr una rápida remisión.

ETIOPATOGENIA DE LA MANIA (CAUSAS DE LA MANIA)

Los factores orgánicos los explicamos conjuntamente con los de la depresión, ya que son extremos opuestos del trastorno de un mismo sistema. El carácter endógeno es aún más patente que en las depresiones, puesto que los «agentes desencadenantes» que puedan inducir una fase de euforia y que coincidan con ella son raros, ya que los motivos para la euforia son mucho menos frecuentes, por desgracia, que los provocadores de tristeza. Se ve surgir la alegría y optimismo del maníaco en medio de las circunstancias más desfavorables.

Herencia

De modo más acusado que en la depresión endógena hay familias en las que la enfermedad es de aparición mucho más frecuente que en el resto de la población.

Incidencia en cada sexo

No se encuentra una explicación clara, pero la frecuencia es similar para los dos sexos, en cambio sabemos que en la depresión hay más del doble de mujeres que de hombres.

Predisposición constitucional

La enfermedad aparece preferentemente en individuos que cuando están normales son alegres, comunicativos y activos, que en los tratados clásicos se describen como ciclotímicos. Este tipo psicológico es el mismo que está predispuesto a padecer depresiones, y es frecuente que coincida con un tipo corporal llamado «pícnico»: bajo, sólido, con tendencia a la obesidad y calvicie precoz. La frecuencia de la manía es mucho menor que la de las depresiones (independientemente de factores de error, como la mayor proporción de deprimidos que acuden al médico, ya que los maníacos nunca se consideran enfermos, y si los trastornos de conducta no son muy intensos, la familia tampoco se percata de la conveniencia de asistencia médica).

LA HIPOMANIA Y LA HIPERTIMIA

Puede ser útil familiarizarse con dos términos técnicos muy utilizados.

Una persona puede presentar un cuadro clínico maníaco atenuado. Parte de los síntomas de la manía, pero sin gran intensidad. Se habla entonces de HIPOMANIA (una manía de menor envergadura). La HIPERTIMIA describe un modo de ser activo, optimista, rápido, que no llega a resultar claramente patológico, pero que llama la atención.

LAS COMBINACIONES DE SINTOMAS MANIACOS Y DEPRESIVOS LA PSICOSIS MANIACODEPRESIVA LOS TRASTORNOS BIPOLARES

Hemos descrito aisladamente los síndromes depresivo y maníaco. Una misma persona puede presentar ambos. Hay dos posibilidades, la primera que los síntomas de ambos polos aparezcan en una misma persona, mezclados en un solo episodio, simultáneamente o alternándose en el curso de pocos días. La segunda posibilidad supone que la misma persona haya padecido en distintas épocas de su vida una fase de signo contrario a la que tiene ahora, por lo tanto ha sufrido, al menos una vez, depresión, y en otra ocasión manía, estamos ante lo que se llamaba PSICOSIS MANIACODEPRESIVA, que ahora en una terminología muy difundida se llama TRASTORNO BIPOLAR, del que hay varias modalidades de evolución («trastorno bipolar mixto», «trastorno bipolar maníaco», «trastorno bipolar depresivo»).

Los SINTOMAS DE LA PSICOSIS MANIACODEPRESIVA son exactamente los que hemos descrito en la depresión mayor y en la manía. También su evolución, pronóstico y tratamiento (este último de acuerdo con la sintomatología de euforia o de depresión). En realidad muchas personas que sólo han presentado fases maníacas o fases depresivas mayores, pueden considerarse afectos de una psicosis maniacodepresiva, que sólo se ha manifestado en uno de los polos.

Si una persona ha tenido episodios depresivos y maníacos leves, sin ideas delirantes ni alucinaciones, ni trastornos de conducta alarmantes, se denomina TRASTORNO CICLOTIMICO. Es también más frecuente en las mujeres que en los hombres.

8. Las neurosis depresivas. ¿Estoy enfermo o es que me he vuelto triste.

Hasta este momento hemos hablado de los que padecen depresión como una forma de enfermedad somática, sin embargo un gran número de los deprimidos que encontramos en la vida cotidiana están deprimidos como consecuencia de una tragedia personal o de una situación de disgusto permanente. Es de sentido común comprender que hay casos extremos en que actúan casi sólo un tipo de factores, endógenos o psicógenos, pero en la inmensa mayoría se combinan en distinto grado.

Ponerse triste tras un acontecimiento penoso es normal. En cambio, estar habitualmente triste de forma crónica y sin motivo claro, es una variante del comportamiento humano que puede tener muchos grados, que van desde lo casi normal hasta lo llamativamente patológico.

EL CARACTER MELANCOLICO

El MODO DE SER MELANCOLICO se puede interpretar como la fijación y cronificación de un tipo de respuesta normal, que ha dejado de ser sana precisamente porque ya no corresponde al estímulo provocador. Viene a destiempo y, en lugar de funcionar como un recurso protectór lo hace como elemento de perturbación, como fuente de SUFRIMIENTO INNECESARIO. El «sufrimiento innecesario» es el eje de las neurosis.

¿En qué momento deja de ser normal una respuesta depresiva? Esta duda sobre la normalidad surge a menudo en Medicina. ¿En qué centímetros de altura deja de ser un señor bajito y ya es un enano?, ¿un centímetro más?, ¿uno menos? Quien padece un dolor de cabeza ¿es un enfermo? ¿Y si el dolor de cabeza es mucho más intenso, prolongado y recurrente? El dolor de cabeza es un síntoma de mala función, aunque sea leve, no tiene una misión útil. Ante la tristeza resulta más difícil discriminar su carácter patológico, porque es una respuesta normal y un intento de afrontar la realidad adversa.

LA TRISTEZA COMO FORMA DE ADAPTACION

La tristeza acompaña a todas las personas sanas en ciertos momentos como una forma de adaptación. Es una respuesta biológica que se observa también en muchos mamíferos, de modo particular entre los primates. Los estudios recientes se han desarrollado en dos campos: Por una parte la etología y la psicología comparada, y por la otra los estudios del desarrollo infantil humano.

Es tan acusado el parecido entre las reacciones de los humanos y de los primates, ante la muerte o pérdida de un hijo, o del hijo ante la pérdida o separación de la madre, que se utiliza la experimentación animal para mejor conocer las reacciones humanas.

Ante la pérdida de la madre, tanto los niños como los animales manifiestan angustia, quejas intensas, agitación y protesta. En una segunda etapa, como si se hubieran convencido de la inutilidad de la reacción inicial, pasan al abandono de la relación con los demás, renuncian a la participación en las tareas del grupo y a la actividad en general. Se interpreta todo este comportamiento como una señal social, manifestación de desvalimiento y petición de ayuda. El componente corporal, endocrinológico y de función del sistema nervioso durante la fase de protesta es distinto al que aparece en la fase de desesperación.

REACCIONES DEPRESIVAS

Dado que la respuesta depresiva humana es típica en muchas situaciones, la Medicina debe aclarar en qué momento deja de ser normal. Utiliza cuatro valores: 1) La duración de la reacción. 2) La intensidad. 3) La existencia de un acontecimiento provocador (desencadenante), y 4) La aparición de síntomas que no tiene el individuo normal (como las alucinaciones o las ideas delirantes).

Para que una reacción depresiva sea considerada patológica, uno de los dos primeros valores, la duración o la intensidad, deben ser claramente superiores a lo habitual. Si no se asocia con un acontecimiento desencadenante, de modo claro y tajante, es sospechosa de depresión endógena. Si aparecen alucinaciones o ideas delirantes ya no estamos ante una neurosis, la afloración de estos síntomas la clasifican como psicosis.

La frecuencia de las neurosis depresivas o reacciones depresivas es muy grande. Un estudio sobre todos los pacientes que acuden a los ambulatorios del tipo de los de la Seguridad Social, indica que del 5 al 10 por 100 padecen esencialmente una neurosis depresiva.

EL FACTOR DESENCADENANTE

Puede ser cualquiera que afecte profundamente a esa persona. Los más típicos y frecuentes son: La muerte de un esposo o esposa, de la madre, padre o un ser muy querido. La pérdida de un amor (variante depresiva que en la Edad Media recibía un nombre precioso: «mal de amores» y, daba un prestigio poco envidiable cuando por extremada llevaba a un desenlace fatal, «murió de amor»). Cualquier otro drama personal, como divorcio no deseado, ruina, pérdida del honor (cuando se valora), vergüenza ante la colectividad, el paro, la jubilación, etc... «no ha vuelto a ser el mismo».

Los síntomas son en esencia los de las vivencias del duelo, tan frecuentes que todos tenemos recuerdo subjetivo o por observación de otros. Se parecen mucho a las vivencias de la depresión «mayor», con algunos matices diferenciales que no aparecen siempre. Por ejemplo en la depresión endógena es muy intenso el sentimiento de culpa, y en la neurosis depresiva se sustituye por la pérdida de la autoestima («ya no valgo para nada») y no hay tanta fantasía de culpa.

Para el diagnóstico diferencial es importante que el neurótico depresivo no tiene aquel ritmo diario, con acentuación por la mañana al despertar, y mejoría al atardecer, tan extraño y que es tan constante en los deprimidos «mayores». Sube y baja la intensidad de la depresión neurótica con los incidentes de la vida cotidiana, no con los ritmos biológicos.

Los síntomas físicos, desde el aspecto de abatimiento, la mímica, la posición del cuerpo, el abandono que llega a desaliño, etc., son similares a los de las demás depresiones. No es tan intenso el insomnio como en las endógenas, y destacan las quejas del aparato digestivo: pérdida del apetito, estreñimiento, ardor de estómago, meteorismo. También dolores de cabeza, malestar general y dolores parecidos a los de los artríticos. Cualquiera de estas quejas puede llevar a errores diagnósticos si la depresión está todavía enmascarada. Alguna vez el médico llega a no saber si además de la depresión, el paciente tiene alguna enfermedad orgánica, quc no ha logrado diagnosticar y que produce esos síntomas. La incógnita se despeja en ocasiones al curar la depresión, porque con ella desaparecen todas esas quejas.

PREDISPOSICION A LA DEPRESION NEUROTICA

Hay personas frágiles ante la adversidad, que se quiebran y se abandonan a la depresión. Otros son ya tristes de carácter, las PERSONALIDADES DEPRESIVAS: pesimistas, que sólo ven el lado negro de las cosas, sensitivas que se ofenden o duelen por el menor detalle, que siempre creen que todo va a ir a peor. Suelen ser pasivos y muy exigentes con los demás en el plano afectivo. Este tipo de personalidad es el que más predispone para una reacción depresiva neurótica.

También existe el frecuente caso de un paciente con predisposición a una depresión endógena, que está latente y se pone en marcha por un gran disgusto. Se suman la reacción depresiva y el factor fisiopatológico de la depresión endógena. Se supera la reacción depresiva y persiste sólo el componente endógeno (puede ocurrir a la inversa, y remitir antes el factor endógeno y cronificarse el neurótico). Mi buen amigo y antiguo maestro J. J. López Ibor, que tiene particular talento para poner nombres acertados, llama a esta coyuntura, «depresión cristalizada». Sirve para comprender lo entrelazadas que están las distintas formas de depresión.

EL MODO DE VIVIR LA DEPRESION NEUROTICA

El enfrentamiento con una calamidad se expresa de modo diferente por cada persona. Basta observar un noticiario en la televisión con imágenes de las familias de las víctimas de un terremoto, inundación, atentado terrorista, o de los mineros atrapados en una galería; en países asiáticos tienden a manifestar un dolor silencioso, en otras áreas geográficas, gritos, lamentos, ojos en blanco, llantos con la boca abierta un palmo, etc. Hay patrones culturales colectivos de expresión de la pena, y también influye la educación de la persona, las costumbres de su familia, etc. Como es lógico, toda esta superestructura también se nota en las depresiones; una histérica analfabeta de la serranía es mucho más ruidosa en el sanatorio que un ingeniero noruego. Paralelamente a los elementos culturales y de educación están los rasgos de la personalidad. Hay dos tipos de personalidad con diferencias muy llamativas en su estilo de vivir la depresión neurótica, la personalidad histérica y la obsesiva.

LA DEPRESION HISTERICA

La PERSONALIDAD HISTERICA es ruidosa y teatral. Al histérico le entusiasma llamar la atención. Para la escenografía de su depresión maneja todo un arsenal histriónico: suspiros, desmayos, lamentos, gemidos, eructos, temblores, amenazas de suicidio gritadas con voz ronca y ojos saltones: «¡ayyyyy!», «¡me voy a mataraaaar!», etc.

El histérico intenta parecer mucho más grave de lo que está, pues obtiene una «ganancia» con su enfermedad, para que le escuchen en sus demandas de afecto y atención. Llega a hacer una especie de chantaje moral a su familia y amigos, a los que tiene en vilo de modo especial con las amenazas de suicidio.

En el apartado de la depresión endógena he tenido que insistir en el riesgo del suicidio, como acto repentino en cortocircuito sin preparación para la familia. En los histéricos con depresión neurótica ocurre lo contrario. Sus amenazas de suicidio son precisamente eso, amenazas, y lo que los castizos llaman echarse un farol. Con su amor a la escena el histérico tiende a representar el suicidio, abre la ventana gritando que se va a tirar por ella, se hace una pequeña cortadura en las venas, toma tres o cuatro pastillas de un hipnótico, siempre cuando calcula que le pueden ver y «salvarle». El peligro está en que calcule mal y se caiga por la ventana, que el corte sea más profundo o los comprimidos más tóxicos de lo que suponía, etc.; por tanto, no hay que descuidar del todo la vigilancia, ni caer en la tentación de «apagarle los faroles» («anda, ya está abierta la ventana, tírate»), que es lo que muchas familias acaban haciendo. Aunque lo exprese de un modo guiñolesco y ridículo, el deprimido neurótico con personalidad histérica sufre intensamente (es el más impresionado por su propia representación), y toda la sintomatología es una desesperada petición de auxilio, de atención y de cariño. No hay que dejarse dominar y explotar por él, pero hay que atenderle y ayudarle.

LA PERSONALIDAD OBSESIVA

Cae en el lado opuesto. El sujeto de carácter obsesivo tiene un super-ego muy rígido, es desmedidamente exigente consigo mismo. No se queja, incluso niega los síntomas cuando se los preguntamos, siempre cree que tiene él la culpa. En toda depresión neurótica hay un factor de ambivalencia y de agresión, de reproche a los demás. En el obsesivo todo se manifiesta con sordina, tiende al aislamiento, a la pérdida de la autoestima. Se infravalora y cree no merecer la ayuda de los demás.

Medicación

El tratamiento específico de la neurosis depresiva es psicoterápico, no medicamentoso, pero en la lectura de estas páginas queda claro que en la mayoría de los enfermos se combinan factores endógenos y psicógenos. Los pacientes que SOLO se benefician de psicoterapia o de medicación son casos extremos. Los deprimidos neuróticos se alivian con las mismas medicaciones de la depresión mayor, tranquilizantes y timolépticos. En general bastan menos dosis y las medicaciones poco enérgicas, del tipo de los tranquilizantes menores.

Algunos puritanos de la psicoterapia dicen que al neurótico no hay que darle nunca medicación, porque «enturbia la relación psicoterápica». Otros no pensamos así. La psicoterapia es lenta de acción y los tranquilizantes son rápidos, actúan a los pocos minutos, no veo ningún inconveniente en utilizarlos para aliviar de inmediato al paciente, mientras se elabora la acción psicoterápica.

Otra queja de los exclusivistas de la psicoterapia es que al mejorar con la medicación, el paciente abandona las consultas, pues se encuentra bien, y no realiza la reforma de la estructura de su personalidad que puede defenderle de caer de nuevo en una reacción patológica. La verdad es que si se encontraba bien antes de la reacción depresiva, y ahora también está satisfecho, no parece muy necesario empujarle a que siga durante meses en psicoterapia. Si recae, ya pedirá auxilio de nuevo, y avisado por la experiencia anterior será más constante en su adiestramiento psicoterápico. Si no recae, ¡enhorabuena!

Superada la fase aguda, sí conviene suprimir la medicación y seguir sólo con psicoterapia, fundamentalmente para que no haga un hábito a la medicación. Han sufrido tanto con la depresión, que algunos tienen pánico a recaer, y se aferran a seguir con los medicamentos cuando el médico les dice que los deben suprimir. Hoy día es muy frecuente la postura contraria, muchas personas tienen miedo a las medicaciones y se resisten a tomarlas, o las abandonan al primer síntoma secundario, o a la primera manifestación de mejoría, por lo que recaen innecesariamente. «Es que yo no soy amigo de medicinas.» El médico tampoco debe serlo y no indicar más que las necesarias.

Psicoterapia de apoyo

Se llama PSICOTERAPIA DE APOYO a la utilización técnica de la sólida relación de confianza, apoyo y desahogo que el paciente establece con su médico. El médico también se entrevista con los parientes para asesorarles de cómo pueden ayudar mejor al enfermo en esta etapa de desvalimiento. En una enfermedad como la depresión neurótica, en que son tan importantes los factores ambientales, el médico se ve a veces obligado a lo que puede parecer «meterse en camisa de once varas» y hacer recomendaciones de modificación del ambiente del enfermo. «Mi mujer dice que el piso es muy oscuro, que si nos cambiamos mejorará de la depresión», «mi marido dice que está deprimido porque no puede aguantar vivir con los suegros». Son decisiones muy graves, lo cómodo para el clínico es eludir todo lo que no sea tema estrictamente médico, pero precisamente en la depresión neurótica una de estas espinas irritativas puede ser esencial, o el enfermo utilizar la enfermedad para salirse con la suya. El médico intenta aclarar esta duda.

La psicoterapia de apoyo es suficiente en gran número de depresiones neuróticas, de modo especial cuando se trata de una personalidad madura, desbordada por un acontecimiento trágico. En los casos en que bajo la depresión se adivina un profundo trastorno de personalidad, conviene aprovechar la depresión para iniciar una psicoterapia dinámica, de tipo analítico o de otra modalidad de las llamadas de «insight», o de tipo conductista, y hacer una reestructuración del carácter.

Merecen especial mención los llamados «duelos patológicos». Las personas que «no se consuelan» de la pérdida de un ser querido, y prolongan durante años la reacción del luto espiritual. «Desde hace tres años sólo sale de casa para ir al trabajo, y al cementerio a visitar la tumba de su mujer, sigue de luto, ni siquiera ve la televisión».

Casi siempre se encuentra una reacción ambivalente de amor-odio. «No le perdonan» haberles dejado. El duelo es un reproche al muerto: «me has abandonado». La psicoterapia de introspección, al revelarles estos mecanismos inconscientes permite al paciente expresar el rencor, y así descongelar el bloqueo del estado del ánimo, fosilizado en el dolor espiritual.

9. Otras formas clínicas de depresión. Diagnóstico diferencial

Hay otras muchas formas de depresión y existen también diversas enfermedades que pueden manifestarse a través de síntomas depresivos, que provocan errores diagnósticos.

En Medicina se llama DIAGNOSTICO DIFERENCIAL a la técnica que permite discernir de cuál de las enfermedades se trata, entre las que se pueden prestar a confusión.

SINDROME AFECTIVO ORGANICO CON DEPRESION

El deprimido es un enfermo que requiere ser visto al MENOS POR UN MEDICO, no puede pasar directamente al psicólogo u otro profesional afín, pues ALGUNAS ENFERMEDADES ORGANICAS PRODUCEN SINTOMAS DEPRESIVOS, en ciertos casos casi idénticos a los de la depresión endógena, y el médico es quien está mejor capacitado para el diagnóstico diferencial.

Destacan en la apariencia engañosa de depresión los síntomas iniciales de algunos tumores cerebrales del área temporal. Son las llamadas «formas psíquicas», porque las alteraciones mentales y del estado de ánimo aparecen antes de que se hagan perceptibles los síntomas focales neurológicos, los de hipertensión intracraneal y otros síntomas que puedan orientar al diagnóstico del tumor si el médico no es experto. En la hipertensión cardiovascular aparecen expresiones de irritabilidad o de aplanamiento y apatía que también pueden confundirse con una depresión. La parálisis cerebral, de la que hablamos en la historia de las depresiones, y que hoy por fortuna es una rareza, también puede simular casi perfectamente una depresión o una excitación maníaca.

En la deshabituación de drogas, entre ellas las anfetaminas, aparecen cuadros depresivos de tipo apático, que pueden durar meses e incluso años. Por el contrario, ya hemos advertido que el deprimido, en las etapas iniciales, se queja a su médico preferentemente de molestias orgánicas, sin mencionar los síntomas depresivos, por lo que muchos deprimidos han sido tratados con medicamentos e incluso intervenciones quirúrgicas correspondientes a las enfermedades con que confundieron su depresión.

Ante una depresión el médico siempre busca los signos ocultos que permiten hacer el diagnóstico diferencial con una posible enfermedad orgánica, indica los análisis, pruebas de laboratorio, electroencefalogramas, etc., antes de poner sólo el tratamiento antidepresivo, que haría perder un tiempo precioso si es otra la enfermedad. Es evidente que todo esto debe realizarlo el médico.

En los casos en que una enfermedad orgánica es la responsable de la aparición de síntomas depresivos se habla de SINDROME AFECTIVO ORGANICO CON DEPRESION.

TRASTORNO PSICOAFECTIVO

Algunas enfermedades mentales, como ciertas formas de ESQUIZOFRENIA, en especial las catatónicas, producen apatía, bloqueo psicomotor, y un colorido del ánimo depresivo, que también puede inducir a errores. No se diagnostica depresión si los síntomas depresivos aparecieron tras un brote esquizofrénico, y si la personalidad del sujeto antes de enfermar presentaba características esquizoides en lugar de ciclotímicas. Cuando no está claro el diagnóstico diferencial se diagnostica como TRASTORNO PSICOAFECTIVO.

Algunas formas neuróticas crónicas y graves, como una neurosis obsesiva compulsiva, en cuyo contenido dominen las de ideas de culpa, se acompañe de tristeza y pesadumbre, y la apatía por abandono de la lucha, pueden surgir errores diagnósticos. También es posible que se sumen las dos enfermedades al caer el obsesivo crónico en estado de depresión.

Ocurre algo similar en alcohólicos crónicos graves, que presentan síntomas depresivos intensos que intentan aliviar con más cantidad de alcohol, cerrando un círculo vicioso de acción de refuerzo de las dos entidades clínicas. No tiene fuerzas para dejar el alcohol, dice él, porque está deprimido, y la depresión no puede mejorar mientras siga bebiendo de modo inmoderado. Hay que comenzar por dejar el alcohol.

TRASTORNO DISTIMICO

Es en la nueva nomenclatura, una depresión que no tiene síntomas «psicóticos» (alucinaciones, ideas delirantes, de ahí la denominación de «neurótica» en contraposición a «psicótica»). Los síntomas fundamentales son un estado de ánimo bajo, triste, abatido y con la incapacidad de disfrutar, de obtener placer o de manifestar entusiasmo. Son síntomas muy parecidos a los de la depresión «mayor», pero sin tanta intensidad y duración, es una depresión mayor mitigada y sin rasgos psicóticos.

Igual que en las depresiones «mayores» hay intervalos de mejoría o desaparición de los síntomas, durante días o semanas. El comienzo es insidioso, y la enfermedad tiene tendencia a la cronificación.

Por la relativa levedad de los síntomas no se producen más que raramente casos de incapacidad laboral, el paciente sigue acudiendo al trabajo. La cronificación y el bajo rendimiento es lo que puede hacerles perder el empleo. No presentan situaciones alarmantes, como intentos de suicidio, y el tratamiento se hace en régimen ambulatorio.

Como muchas formas de depresión, es más frecuente en las mujeres que en los hombres. Actúan de factores predisponentes trastornos físicos crónicos, el agotamiento prolongado, los fracasos, tensión emocional mantenida, situaciones amargas y sin salida aparente, trastornos subyacentes de la personalidad, y en los niños las carencias de afecto en un ambiente frío, distante o claramente hostil. En las mujeres, un factor desencadenante muy frecuente es la menopausia.

LA MELANCOLIA INVOLUTIVA

Se llama así a la depresión que aparece en las personas de la tercera edad que no han tenido en su historia una depresión y surge en esta etapa de la vida. Se duda de si se trata de una enfermedad distinta o de una depresión mayor de aparición tardía.

Los defensores del criterio de «enfermedad distinta» se basan en que es habitual que en lugar de la personalidad previa ciclotímica, hayan tenido una personalidad obsesivo-compulsiva. Que no existe un episodio depresivo anterior. La típica aparición en edad tardía, cuando se inician los síntomas involutivos (pérdida de memoria, rigidez del carácter, irritabilidad del anciano, labilidad emotiva, fases de inseguridad y de perjuicio, etc.). En este cuadro clínico, siempre muy intenso y doloroso, domina la agitación ansiosa. El volumen de angustia es altísimo, colorca el cuadro y produce la inquietud y desazón. Los sentimientos de culpa e indignidad son muy intensos, basados en triviales incidentes o culpas leves del pasado, que ahora el deprimido convierte en una montaña de indignidad y daño. Las ideas delirantes afectan al esquema corporal del modo negativo típico de la enfermedad, creen tener tumores, falta de vísceras, estar «podridos por dentro», etcétera, combinándose de modo paradójico el miedo a la enfermedad y la muerte con el ansia de morir.

El tratamiento de la melancolía involutiva es el de la depresión mayor, y a pesar de la avanzada edad de los pacientes, es una de las indicaciones más claras de la TEC (terapéutica electroconvulsivante) por la intensidad del sufrimiento, y por la lenta e insuficiente respuesta a los timolépticos.

10. Primeros medicamentos antidepresivos. Hipótesis sobre la etiología (causa) de la depresión y de la manía

La historia de los medicamentos de la depresión va íntimamente unida a las investigaciones que tratan de averiguar la causa de este grupo de enfermedades. Los mecanismos bioquímicos que la producen.

Recordemos cuál era la situación en los años cuarenta de este siglo: Desde el principio de la centuria la psiquiatría estaba dividida en dos escuelas que parecían irreconciliables. Los psicoanalistas y los organicistas. Las huestes de Kraepelin y de Freud esgrimían su mutua hostilidad con afirmaciones que no podían demostrar. «Las enfermedades mentales, entre ellas la depresión, son producto de una mala adaptación a traumas psíquicos de la primera infancia, reprimidos y olvidados», decían los psicoanalistas. «¡Qué desatino!», contestaban los organicistas, «las enfermedades mentales son ENFERMEDADES, y por tanto tienen como causa una alteración orgánica del sistema nervioso, aunque por sus características no hayamos sido todavía capaces de detectarla». Ninguno de los dos grupos podía demostrar que su postura era la acertada.

Con los resultados terapéuticos espectaculares del electrochoque, los organicistas tenían un nuevo argumento de mucho peso. Sin ninguna modificación de los estímulos psicológicos sobre el paciente, bastaba un elemento físico, el paso de la corriente eléctrica por el cerebro, para hacer desaparecer los síntomas de la enfermedad. Al interrumpir el tratamiento en una sola sesión, el paciente recae al cabo de pocos días. Se aplica de nuevo el electrochoque y los síntomas son otra vez eliminados como por ensalmo. La etiología orgánica de la depresión parecía «casi» demostrada. Sólo había que averiguar qué alteraciones neurofisiológicas produce el electrochoque en el cerebro humano, para conocer la causa de la depresión. Por desgracia, los métodos de investigación no estaban suficientemente desarrollados, y todavía hoy sólo lo están en parte.

Nuevamente hemos de simplificar, para exponer el punto de vista de los organicistas. Se afianzaron en su convicción de que la causa de la depresión era un trastorno metabólico cerebral, para el que había predisposición en ciertas familias. ¿Qué trastorno? Básicamente el mismo que aparece en cada ser humano tras un gran disgusto. Espíritu y cuerpo están estrechamente unidos. Ante la pérdida de un ser amado, no sólo aparecen trastornos espirituales, el cuerpo responde con cambios endocrinos y metabólicos. Se observa pérdida de peso, estreñimiento, astenia, etc. Sin duda ocurre la liberación de unas substancias que actúan sobre el sistema nervioso. Este mecanismo puede invertirse. Si en el sistema nervioso, por alguna causa, aparecen esas substancias químicas, provocarán los sentimientos con ellas asociados: tristeza, desolación, angustia, etc.

Los organicistas llegaron a la conclusión de que ese era el mecanismo de las depresiones. Algunas personas tienen una labilidad de ese sistema bioquímico, y sin causa externa se les liberan en el cerebro dichas substancias por el momento desconocidas, y ellas son las que provocan automáticamente el estado depresivo. El electrochoque o anula esos elementos o induce la aparición de otros que se oponen a ellos.

Muchos investigadores se lanzaron a la identificación de los elementos producidos por el electrochoque en el cerebro, para poder fabricarlos y proporcionárselos a los enfermos sin necesidad de aplicarles dicha terapia, que desde el principio se recibió como un tratamiento provisional y que convenía sustituir. Entre estos investigadores estaba Cerletti, el inventor de la técnica de la electroconvulsoterapia. Tuve el honor de trabajar con él en Roma, en la etapa en que al no haber logrado identificar a esas substancias, a las que sin conocerlas dio el nombre de «acroagoninas», se afanaba por lograr su producción a pesar de disponer de un laboratorio rudimentario. Aplicaba una serie muy numerosa de electrochoques a un conejo, con lo que suponía que esos elementos curadores se habrían producido en gran cantidad. Sacrificado en ese momento el animal, un extracto del cerebro del conejo se inyectaba por vía intramuscular, esperando que fuese portador de «las substancias curativas», la acroagoninas. Los resultados eran aún inciertos cuando, también de modo empírico, se descubrieron los primeros tratamientos farmacológicos de la depresión.

EL FRACASO DE LA RESERPINA

El inicio parece un tanto novelesco. Los curanderos de la India, venían usando desde tiempo inmemorial una planta, la Rauwolfioa Serpentina, con fama de muy efectiva en diversas dolencias, especialmente la hipertensión arterial. Los médicos, interesados al comprobar resultados en sus enfermos tratados por curanderos con rauwolfioa, lograron obtener el alcaloide de la planta, la reserpina. Ya bien dosificada pudieron analizar sus resultados. La reserpina proporcionaba claros beneficios como hipotensora y tenía también una cualidad sedante acusada. Buscando tranquilizar la agitación ansiosa de ciertos deprimidos, comenzó a usarse en las depresiones. En algunos casos se observó un aparente beneficio (es muy difícil evaluar rápidamente los resultados, en una enfermedad con variaciones espontáneas muy acusadas como ocurre en la depresión), en todos los demás enfermos se agravaron ostensiblemente los síntomas depresivos. En realidad acentuaba las depresiones.

De este fracaso con la reserpina derivan las principales investigaciones bioquímicas de las depresiones. Las herramientas de investigación habían avanzado lo suficiente para comprobar que la reserpina disminuía la serotonina y la noradrenalina presentes en el cerebro. ¿Sería tal disminución de las aminas la «causa» de la depresión?

LA ISONIACIDA

Casi a la vez, observaron los médicos de los sanatorios antituberculosos, que un nuevo fármaco que empezaban a usar, la isoniacida, iba acompañado de reacciones de euforia. Los tuberculosos sometidos a este tratamiento cambiaban de conducta, se volvían activos y optimistas y comenzaban a descuidar sus medidas de reposo, etc., por tanto el efecto sobre el psiquismo de los tuberculosos mostraba inconvenientes, pero ese mismo resultado psíquico sería una bendición para los deprimidos. La pregunta lógica era: ¿Tendrá la isoniacida efecto beneficioso sobre el ánimo del deprimido, o se repetirá el fracaso de la reserpina? Había entonces tantos tuberculosos (hemos olvidado la plaga de la humanidad que era la tuberculosis hasta el descubrimiento de la estreptomicina), que fue fácil encontrar muchos tuberculosos que padeciesen también una intensa depresión. En esta ocasión los investigadores obtuvieron un resonante triunfo, resultó muy eficaz en los tuberculosos con depresión, y luego comprobaron idéntico efecto en deprimidos que no padecían tuberculosis. En todos los deprimidos.

En esa década habían avanzado vertiginosamente tanto la Medicina como la investigación neurofisiológica, y no resultaba aceptable conformarse con los resultados clínicos. Había que averiguar qué ocurría en la bioquímica del cerebro. De modo particular aquellas substancias (las aminas cerebrales) cuya disminución en las neuronas iba asociada a las depresiones por administración de reserpina: Comprobaron que con la administración de isoniacida su nivel en el cerebro aumenta.

LAS CATECOLAMINAS

Los investigadores se encontraban con un medicamento que disminuye las aminas cerebrales (la reserpina) y que a la vez provoca depresión. Otro fármaco, la isoniacida, tiene los dos efectos contrarios: aumento de las aminas y mejoría o curación de las depresiones. Deducción lógica. Las depresiones están producidas por una baja de la tasa de aminas cerebrales (en especial del grupo de las catecolaminas). Tarea a realizar: buscar medicamentos que aumenten las aminas cerebrales.

Un objetivo esencial era averiguar por qué la isoniacida aumenta las aminas cerebrales. Se llegó a la conclusión de que no las aumenta directamente, sino que inhibe a una substancia que las oxida y por tanto inutiliza, que se llama monoaminooxidasa. La isoniacida actuaba beneficiosamente sobre la depresión porque es un «inhibidor de la monoaminooxidasa» y en consecuencia había que buscar otros medicamentos inhibidores de la monoaminooxidasa (se les sigue conociendo como inhibidores de la MAO).

El lector se puede estar preguntando: —Si ya tenían un medicamento eficaz, ¿por qué buscaban otros de la misma acción, en lugar de investigar otro grupo químico?

La primera parte de la pregunta es muy importante. La isoniacida, como TODOS LOS MEDICAMENTOS antidepresivos descubiertos hasta hoy, tiene EFECTOS SECUNDARIOS INDESEABLES. Había que buscar otros medicamentos en dos direcciones: más eficaces para la curación y con menos inconvenientes.

LA INDUSTRIA FARMACOLOGICA Y LA DEPRESION

La segunda parte de la pregunta ya se les había ocurrido a las grandes industrias farmacológicas. Aparte de su efecto humanitario, el descubrimiento de un nuevo psicofármaco puede ser un negocio colosal. Algunos laboratorios de tercer orden se convirtieron de la noche a la mañana en potencias económicas de primer rango mundial por el lanzamiento de un psicofármaco eficaz. Además de las universidades y centros científicos, tradicionales núcleos de investigación, las industrias químicas y farmacológicas reforzaron sus propios equipos de investigación, que desde entonces están entre los mejor dotados del mundo. Esta «guerra de los laboratorios» para llegar los primeros tiene una parte positiva, han descubierto la mayoría de los medicamentos actuales. También una parte negativa: al estar en juego intereses económicos tan importantes, no siempre se portan con pulcritud en el lanzamiento comercial de sus descubrimientos. En una gran industria el equipo de investigación no tiene nada que ver con el de promoción, ventas y propaganda. Estos últimos no comparten a veces el rigor científico y los escrúpulos de los investigadores y no quieren informar objetivamente sobre su nuevo producto, intentan colocarlo en el mercado, como si fuese una lavadora o un detergente (son los mismos profesionales de promoción comercial e idéntico su espíritu). Los médicos que ya ejercíamos en aquella época (década de los cincuenta) notamos alarmados cómo en vez de recibir «información» de algunos laboratorios, empezábamos a recibir «propaganda» de los nuevos medicamentos. En ocasiones han mentido descaradamente, anuncian cada nuevo antidepresivo como «mucho más eficaz y con menos efectos secundarios» que todos los disponibles hasta ahora, y luego casi siempre (parece mentira, pero en muchas decenas de casos) comprobamos que son totalmente falsas las dos afirmaciones. Ya no confiamos en las alabanzas de ciertos laboratorios hasta que vienen confirmadas por un centro de investigación independiente y de primer rango. Es la explicación de lo poco aficionados que son los médicos con experiencia al «último descubrimiento».

Como consecuencia beneficiosa de la guerra por el mercado farmacológico, se descubrieron nuevos inhibidores de la MAO menos tóxicos y también medicamentos eficaces en la depresión que actuaban por un mecanismo distinto, sin afectar a la monoaminooxidasa. Estos nuevos medicamentos, de otro grupo químico (imipramina y otros tricíclicos), actuan también sobre las aminas indirectamente, pero por otro mecanismo, bloquean el retorno a las vesículas de almacenamiento y aumentan, como consecuencia, la cantidad de neurotransmisor disponible en los receptores postsinápticos.

De modo inevitable, muchos lectores ya se habrán perdido y les aconsejo que prescindan del resto de este capítulo. En realidad el problema es mucho más complejo y eso explica que se lleve treinta años de relativo estancamiento en la investigación.

ESTADO DEL PENSAMIENTO NEUROFISIOLOGICO

El estado actual del pensamiento neurofisiológico ha llegado a una síntesis de la hipótesis de las indolaminas con la de las catecolaminas. En la depresión se aprecia un descenso de las indolaminas, pero esta disminución no actúa de forma aislada, hay también cambios de la transmisión sináptica y catecolaminérgica.

El descenso va acompañado de depresión, el aumento provoca euforia. Las alteraciones químicas en el cerebro y las de la neurotransmisión no son las únicas observadas, también están presentes ciertas modificaciones metabólicas, como por ejemplo una tasa de 17-corticosteroides con subida o descenso sincrónicos con las fases de hipertimia y depresión.

No es propio de un libro de esta condición acumular más datos sobre la investigación, aún no resuelta, de los mecanismos neurofisiológicos de la depresión, que sólo hemos iniciado para satisfacer la curiosidad de algún lector, y dar la esperanza de un próximo fruto de estos trabajos.

De todo este cúmulo de investigaciones y de la experiencia clínica de tantos años, queda como legado para la humanidad un arsenal terapéutico, que exponemos en el capítulo siguiente: los tratamientos actuales de la depresión y de la manía.

11. Tratamiento actual de la depresión y de la manía

La mayoría de los trastornos de la afectividad responde bien a los tratamientos actuales. En general se acude al médico cuando los síntomas son ya muy llamativos y penosos, o porque la experiencia de otros episodios anteriores alarma al enfermo y a su familia al percibir los primeros síntomas.

El médico tiene dos obligaciones, una es el rápido alivio de los síntomas, otra, muy importante, impedir que el paciente se haga grave daño a sí mismo impulsado por la enfermedad. Hemos visto que esta posibilidad alarmante se centra en las ideas de suicidio en la depresión, o en la conducta irresponsable y ruinosa de la manía. Por estos riesgos una de las primeras decisiones que se plantea es la posible necesidad de hospitalización.

¿ES NECESARIA LA HOSPITALIZACION?

Por fortuna resulta imprescindible en pocos casos. Casi todos los tratamientos pueden hacerse ambulatoriamente. Para los parientes inmediatos es muy duro plantear al paciente la conveniencia del hospital. Con gran sorpresa de sus allegados muchos deprimidos, al aconsejarles en la consulta que hagan una breve fase del tratamiento en el sanatorio, acogen esta proposición con alivio, «estoy deseando descansar, no ocuparme de nada, prefiero ingresar y que me lo den todo hecho». Otros en cambio, tienen una reacción de pánico, «si me encerráis allí me volveré loco».

¿Qué es lo que temen el enfermo o su familia del hospital? El enfermo tiene miedo de «quedar encerrado en un manicomio». Hay que explicarle cuanto antes que va a estar alojado, no encerrado. ¿En un manicomio? La palabra es terrible, la realidad también. Los hospitales psiquiátricos públicos suelen resultar siniestros en cualquier país. Los nuestros no son precisamente de los mejores. A nadie nos apetece entrar allí. Si lo que se propone es un sanatorio psiquiátrico privado, el ambiente resulta mucho menos desagradable, pero no alentador. Con frecuencia protesta la familia: «¡cómo voy a dejar a mi hijo con locos!», «debería haber un sanatorio sólo para depresiones». La mezcla de enfermos de distinto tipo en los sanatorios psiquiátricos privados, en general pequeños y con pocos pacientes, es una realidad pero no desprovista de ventajas. Algunos de los «locos» son simpatiquísimos, otros pacientes, como los alcohólicos en remisión, se portan con amabilidad y ayudan a los demás. Entre los que hunden el ambiente están precisamente los deprimidos, un sanatorio sólo para ellos, sería una pesadilla.

¿NO PODRIAN TRATARSE LOS DEPRIMIDOS Y LOS MANIACOS EN UN SANATORIO NO PSIQUIATRICO?

Por supuesto que sí. La única excepción son los maníacos muy excitados, porque alteran tanto el ambiente con sus voces y risas que el sanatorio los rechazará, por las molestias que proporcionan a los enfermos médicos o quirúrgicos de las habitaciones vecinas, que pueden estar muy graves.

Pero ¿hay siempre ventaja en utilizar un sanatorio no psiquiátrico? Es muy ingrato tener un enfermo mental en la habitación de al lado con lamentos estereotipados y monótonos, pero en el otro sanatorio puede ser un enfermo de cáncer agonizando. Los sanatorios son siempre tristes. Los sanatorios psiquiátricos en España son mucho más baratos que los quirúrgicos, es un factor a tener en cuenta en hospitalizaciones prolongadas. Los psiquiatras concentran su clientela en el mismo sanatorio, si tuviesen que trasladarse a un sanatorio quirúrgico, o de reumáticos, a ver a un solo deprimido, por el tiempo de traslado, etc., tendrían que cobrarle unos honorarios muy superiores, lo que encarecería más el tratamiento. ¿Y si llevan a más enfermos a ese sanatorio? Se convierte inmediatamente en un sanatorio psiquiátrico, que será mucho más caro, porque tiene que mantener quirófanos, unidades de cuidados intensivos, departamentos de radiología, etc., que no hacen falta al paciente psiquiátrico. ¿Es que van a prevalecer siempre los motivos económicos? No, pero son muy importantes. Además, en esos sanatorios aceptan uno o dos pacientes psiquiátricos, pero no más, porque el enfermo psiquiátrico no permanece en cama y se aburre en la habitación, precisa salas de reunión, tertulia con otras personas, deportes, etc., que el sanatorio convencional no proporciona. Recurrir a la hospitalización en un sanatorio no psiquiátrico es una excepción indicada sólo, como todas las excepciones, en casos excepcionales.

EL DEPARTAMENTO DE PSIQUIATRIA EN UN HOSPITAL GENERAL

Es la solución óptima para el paciente que utiliza los hospitales públicos, por ejemplo, los de la Seguridad Social. El enfermo no se siente «encerrado en un manicomio», están en las grandes ciudades en vez de apartados, y es más fácil la visita de las familias. Disfrutan de los medios de diagnóstico y tratamiento del hospital para cualquier complicación que puedan sufrir. El problema está en que son departamentos pequeños y pueden aceptar a pocos enfermos. ¿Por qué no los amplían? Porque se convierten automáticamente en «un manicomio» y además son carísimos como antes he explicado. Ningún Estado quiere aceptar ese coste, en ningún país del mundo. Probablemente no pueden permitírselo. La hospitalización siempre tiene inconvenientes, de modo particular por el ambiente del establecimiento hospitalario, así pues el médico sólo hará la indicación de internamiento cuando las ventajas superen con mucho a los inconvenientes.

Ventajas de la hospitalización

Hay casos de indicación absoluta, otros en que es más conveniente y otros en que se recurre al sanatorio por comodidad del paciente.

Indicaciones de hospitalización absoluta

Las INDICACIONES ABSOLUTAS son los depresivos con alto peligro de suicidio, y los maníacos que cometen o están en riesgo de cometer importantes desatinos. A los deprimidos casi siempre se les logra convencer de la hospitalización voluntaria. Los maníacos no reconocen su estado anormal y es preciso llevarles a la clínica con subterfugios o a la fuerza, y retenerles en el hospital contra su voluntad, una vez cumplidos los trámites legales correspondientes.

Es una situación especialmente amarga para los parientes, «ya nunca va a confiar en mí si ve que ahora le engaño y le encierro». La familia está asustada, pero también tiene muchos recelos contra el hospital. La primera vez que indicamos la hospitalización forzosa suelen rechazarla o no atreverse a dar los pasos necesarios. En ocasiones este retraso es fatal, en otras sólo acceden al ocurrir un nuevo incidente grave o alarmante, y pretenden que los médicos se lo resolvamos por completo sin su intervención. No puede ser, porque ante un enfermo mental en actividad, la patria potestad pasa al pariente más próximo, y es éste quien tiene que firmar la petición de ingreso. «Si es indispensable, que lo ingresen, pero yo no firmo nada.» «Yo no le logro convencer y YO no lo llevo engañado al sanatorio, vengan usteder a convencerle, o HAGANLO ustedes sin mí.» «Ustedes» no pueden actuar sin una mínima colaboración de los parientes inmediatos.

Problemas de la familia

La familia sufre mucho durante toda la enfermedad, pero el momento desgarrador es este del «encierro» forzado, con el paciente gritándoles reproches que repiten en las primeras visitas, «¿por qué me habéis engañado?, ¡sácame de aquí!, ¡por favor, sácame de aquí!» Es durísimo para los acongojados parientes, que empiezan a dudar si han hecho bien o han cometido un grave error con las mejores intenciones, y salen de la habitación con el corazón encogido y lágrimas en los ojos. En muchas ocasiones he tenido que dedicar más tiempo y habilidad para tranquilizar a la familia que para lograrlo con el enfermo.

Los médicos nos damos cuenta de este nudo de indecisión y amargura. Por eso NUNCA INDICAMOS UNA HOSPITALIZACION FORZOSA si no es indispensable, si no es un riesgo temerario renunciar a ella. En cuanto el enfermo mejora, lo primero que hace, casi sin excepción, es darnos las gracias a la familia y al médico por haberle hospitalizado. Reconoce la injusticia de sus reproches anteriores y se disculpa.

Tarde o temprano cada familia de un deprimido o maníaco puede encontrarse en esta encrucijada. Conviene que recuerde las reflexiones anteriores.

Indicaciones de hospitalización por conveniencia

El 90 por 100 de los enfermos deprimidos hospitalizados no lo están por indicación absoluta, sino porque tiene ventajas para ellos sobre el tratamiento ambulatorio. Es una decisión a la que se llega reflexionando con el paciente, que acepta el sanatorio, frecuentemente entre las protestas de su familia que no lo desean (por prejuicios, por cariño mal enfocado, o por egoísmo para evitar gastos). En estos casos el enfermo accede porque «prefiero apartarme de mis problemas», «que me lo den todo hecho, no tengo fuerzas para ocuparme de nada», «es mejor estar aquí para que mi familia no me vea sufrir», «aquí me curaré más rápido y quiero acabar de una vez», «en casa no queda nadie, todos van al trabajo y me da miedo estar solo», «sé que en casa no voy a hacer el tratamiento», etc.

Otros pacientes vienen de un sitio alejado, un pueblo o un caserío, les va a ser muy difícil consultar las dudas durante la fase inicial del tratamiento, con los síntomas secundarios que no sabrán si indican una interrupción, etc., o son personalidades muy primitivas que los médicos tememos que van a equivocar todas las indicaciones que les hacemos. Son muchas las razones que pueden aconsejar una hospitalización. La más frecuente es atender a la primera fase del tratamiento. Para actuar con rapidez se utilizan dosis elevadas de medicación. Los timolépticos (antidepresivos) actuales provocan efectos secundarios, en algunas personas tan intensos que es preciso cambiar de medicación. Hay personas aprensivas o quejicas que a la menor molestia dejan la medicación sin necesidad, otros son tan sufridos que caen en el error contrario, soportan estoicamente, sin comentarlas con nadie, molestias por las que deberían interrumpir el tratamiento.

El sanatorio, con médico de guardia, enfermera en servicio permanente, visitas frecuentes del especialista que dirige el tratamiento, cambio de ambiente, filtro de las visitas con el que los médicos apartan del enfermo esos parientes que con la mejor intención aplastan al deprimido y en cambio dejan pasar a los demás sin convertirlo en un tema «personal» (en todo caso el pariente dañino se enfada con los médicos en vez de cargar la susceptibilidad contra el enfermo, que bastantes problemas tiene), etc., proporciona notables ventajas sobre el tratamiento ambulatorio. En cada caso hay que sopesar los beneficios e inconvenientes de cada fórmula.

Sin duda la mayor ventaja es el control terapéutico inmediato, detectar sobre la marcha la conveniencia de modificar la medicación, en lugar de «siga usted eso durante tres semanas».

El otro incentivo de la hospitalización es que permite un contacto estrecho con el médico y éste puede establecer esa relación profunda de transferencia, con la que el paciente se siente entendido y apoyado. Sabe que hay alguien que le puede ayudar, y en los baches en que vuelven a rondarle las ideas negras, en lugar de abandonarse a la desesperación, recurre al médico... y lo tiene a su alcance. Por lo demás, por las técnicas actuales de tratamiento (muchas de mera administración por vía oral) podría hacerse en el domicilio del paciente. A este argumento recurren cuando quieren abandonar el hospital, «para tomar unas pastillas, ya me dirá usted qué falta hace que yo esté aquí». El médico no debe olvidar que esto, superada la primera etapa, puede llegar a ser cierto. Nunca hay que prolongar innecesariamente una hospitalización.

Algunos deprimidos han sufrido tanto con su depresión que, al obtener la curación del episodio en el sanatorio, adquieren un temor casi supersticioso a abandonarlo, «me encuentro ya muy bien, pero tengo pánico de volver a casa y que al enfrentarme de nuevo con mis problemas recaiga, por favor, déjeme estar unos días más». El «arte médico» (un aspecto muy importante de la «ciencia médica») consiste en no equivocarse en cuándo conviene acceder a prolongar la estancia y cuándo hay que darle un empujoncito al enfermo y mandarle a su casa. En ocasiones nos cuesta más trabajo sacar al paciente curado de la clínica del que nos costó convencerle para su ingreso.

Otras indicaciones de ingreso son meramente de tipo social. «Tengo 68 años, vivo sola, mi hija no viene a España hasta dentro de un mes, ahora, aunque he mejorado de la depresión, no puedo con las tareas de la casa, ¿me dejan unos días en el sanatorio?»

¿Régimen abierto o cerrado?

Las hospitalizaciones, tanto de maníacos como de depresivos, son breves, de días o de semanas, y el enfermo está en «régimen de hotel», alojado en la clínica pero con libertad para salir; al principio acompañado por algún miembro fiable de sus relaciones, y después solo. Está alojado, no encerrado. La única excepción son los días de gran riesgo de suicidio del deprimido, y los días peligrosos del maníaco.

Los momentos de mayor riesgo suicida son los de máxima intensidad de los síntomas de ansiedad, tristeza, agitación, desesperación, etc., y también especialmente en las depresiones apáticas con bloqueo de la actividad, en el momento en que empieza a mejorar, pues suele aliviarse antes de la apatía y el bloqueo, mientras persisten las tendencias suicidas, que ahora, ya vencida la apatía, es capaz de realizar.

Los maníacos agitados, por su violencia y conducta perturbadora, no pueden convivir con los demás pacientes del hospital, a los que abruma el acoso, optimista pero avasallador del maníaco, por lo que durante esos días permanece en su habitación con intensa medicación sedante. En cuanto mejora comienza a salir fuera del hospital acompañado (para que no haga compras y otros gastos innecesarios, a los que todavía está inclinado).

Cuando pueden salir acompañados, ¿por qué no se marchan ya de la clínica? Empiezan a salir enseguida, a los pocos días del ingreso, y, en esa fase de tratamiento intenso y de adaptación a los síntomas secundarios conviene que tengan el apoyo del sanatorio.

LAS MEDICACIONES ANTIDEPRESIVAS

Todos los que ejercimos la Psiquiatría en la década de los cincuenta recordamos con nostalgia aquella edad de oro. Era un regalo del destino ser médico «puesto al día». Cada seis meses aparecía un nuevo medicamento que ayudaba a nuestros pacientes más que los anteriores. Esto nos mantenía en un estado permanente de alerta y esperanza. Después se ha secado el manantial durante un cuarto de siglo. La ciencia avanza a saltos, al menos en apariencia.

El tratamiento de una enfermedad puede enfocarse de dos modos. El mejor es el tratamiento etiológico, el que suprime la «causa» de la enfermedad, por ejemplo, los antibióticos en las infecciones. Todavía mejor el tratamiento causal preventivo, como lo realizan las vacunas. Para las depresiones carecemos de vacuna. Sabemos bastante de algunos engranajes neurofisiológicos y bioquímicos alterados en las depresiones pero no de la causa original de tales alteraciones. Nos encontramos en una situación intermedia, en cuanto a tratamiento etiológico.

Hasta los cincuenta todas las medicaciones sintomáticas existentes eran insuficientes y peligrosas. Para el insomnio y la excitación el hidrato de cloral y los barbitúricos. La angustia se intentaba mejorar con estos mismos hipnóticos. El paciente se aliviaba poco y además permanecía el día entero adormilado. La apatía, e incluso la tristeza parecieron encontrar remedio en las anfetaminas. Muy pronto se comprobó su ineficacia terapéutica en las depresiones y los peligros de su administración.

Casi simultáneamente aparecieron los tres grandes grupos de nuevos psicofármacos. LOS TRANQUILIZANTES MENORES, LOS TRANQUILIZANTES MAYORES Y LOS TIMOLEPTICOS O ANTIDEPRESIVOS.

Los tranquilizantes menores

También llamados simplemente TRANQUILIZANTES O ANSIOLITICOS por su efecto sobre la ansiedad. El añadido de «menores» se les da preferentemente en la literatura médica anglosajona, para diferenciarlos de los «tranquilizantes mayores», que es como ellos denominan a los neurolépticos.

Son medicamentos que tienen una acción tranquilizante superior a la hipnótica. Quien los toma se beneficia de un efecto sedante, sin quedarse dormido por el día, así puede trabajar, etc.

Todos ellos, a dosis mayores, producen sueño. A muchas personas que tienen insomnio por intranquilidad les basta el efecto sedante para recuperar el sueño normal. Se toleran muy bien y no provocan dependencia, salvo casos excepcionales o uso inmoderado.

Esta fama de inofensivos hace que muchas personas los recomienden a otros profanos, e incluso les regalen el frasco de comprimidos que ya no precisan, «a mí me sentaron muy bien y mi médico dice que no tienen peligro». Los médicos generales los utilizan en multitud de indicaciones (relajación muscular, espasmos, trastornos intestinales, etc.). Por todos estos motivos su difusión es enorme, se calcula que los utiliza más de la mitad de la población. Al recordar algunos de los nombres comerciales más difundidos (VALIUM, LIBRIUM, TRANXILIUM, DIAZEPAN, MEPROBAMATO, LEXATIN, HUBERPLEX, ROHIPNOL, DORMODOR, ORFIDAL, MOGADON, HALCION, etc., etc.), casi todos los lectores encontrarán uno en el cajón de su mesilla de noche. No son tan inofensivos como se dice, advertiremos más adelante sobre sus riesgos.

En el tratamiento de la depresión sirven como única medicación para casos muy leves en que domina la ansiedad. Es frecuente que el médico recete tranquilizantes junto con antidepresivos por dos razones: Se complementan muy bien, pues muchos antidepresivos no tienen acción ansiolítica, y los tranquilizantes son de acción inmediata, mientras los antidepresivos tardan varios días en hacer efecto. En la primera fase del tratamiento se aumenta la dosis de ansiolíticos, para que el enfermo pueda esperar tranquilizado y con menos sufrimiento la acción de los timolépticos.

Todos en dosis altas inducen el sueño, pero hay algunos grupos químicos con más efecto hipnótico que otros. Hay insomnes que tardan en dormirse y otros que se duermen enseguida pero despiertan de madrugada. Como hipnótico hay que usar en los primeros uno de los llamados de «acción rápida», para ayudarles en la primera fase de la noche y que al despertar no tengan resaca. En cambio en los que se duermen enseguida pero despiertan a las pocas horas conviene más los de acción lenta, para prolongar el sueño.

No olvidar que CADA PERSONA TIENE UN MODO DIFERENTE DE REACCIONAR A LOS MEDICAMENTOS, todos conocemos alguien a quien el café le da sueño; también hay personas que se excitan con los tranquilizantes, o que se duermen profundamente con dosis mínimas de los que normalmente no dan sueño.

Como HIPNOTICOS DE ACCION RAPIDA se emplean preferentemente el OXACEPAM (nombres comerciales: ADUMBRAN, APLAKIL, PSICOWASS, SOBILE), el TRIAZOLAM (nombre comercial: HALCION). Los TRANQUILIZANTES CON EFECTO HIPNOTICO DE ACCION PROLONGADA más utilizados son el FLUNITRACEPAM (ROHIPNOL), y el FLURACEPAM (DORMODOR), en una duración intermedia está el NITRACEPAM (comercialmente: MOGADON, HIPSAL, NITRACEPAM, PELSON).

Al buscar el EFECTO ANSIOLITICO CON MENOS PODER HIPNOTICO se tiende a utilizar el OXACEPAM en dosis menores que como hipnótico, a las pocas tomas se acostumbra el organismo y se tolera bien durante el día. El BROMACEPAM (nombre comercial: LEXATIN), el CLOBAZAM (nombres comerciales: NOIAFREN, CLARMYL, CLOPAX), el CLORACEPATO DIPOTASICO (comercialmente: TRANXILIUM, NANSIUM), el CLORDIACEPOXIDO (nombres comerciales: LIBRIUM, HUBERPLEX, BINOMIL, OMNALIO, NORMIDE), el DIACEPAM (nombres comerciales: VALIUM, DIACEPLEX, DIACEPAN, DRE-

NIAN), el LORACEPAM (ORFIDAL, IDALPREM, DONIX, LORACEPAM, SEDICEPAM), el MEDACEPAM (MEGASEDAN, NOBRIUM).

Además de la susceptibilidad individual a los fármacos, hay que contar con el efecto placebo (sugestivo), por lo que un angustiado puede encontrar mucho más efecto en un producto con distinto nombre comercial, y si tiene la curiosidad de leer en el prospecto la composición química se da cuenta de que era idéntico al que no le hizo efecto. El insomnio es también muy influenciable por la sugestión. Muchas personas toman el hipnótico por rutina al acostarse, en dosis tan pequeñas que es muy poco probable que les haga efecto, se duermen «porque toman la pastilla», daría igual que fuese de miga de pan.

Inconvenientes y precauciones

Advertimos antes que no son totalmente inofensivos. Es un DESATINO y un contrasentido tomarlos, como hacen muchas personas, después de ingerir de modo habitual dosis elevadas de café o de otro estimulante, en esa situación se tiende a la hiperdosificación. Como ocurre con todos los medicamentos hay que TOMAR LAS DOSIS MINIMAS, y no mantener dosis elevadas por rutina.

Existe, en ciertos casos, el PELIGRO DE HABITUACION y de crear una dependencia. Hay personas con una disposición, llamada toxicofilia, a hacerse habituado con dificultad para cortar el hábito, de casi cualquier cosa (café, té, e incluso alimentos como azúcar, chocolate, etc.) si se descuidan. Esos son los que tienen riesgo con los tranquilizantes.

Es muy importante el PELIGRO de la POTENCIACION POR EL ALCOHOL. Suman sus efectos, y un par de copas, y una dosis leve de ansiolíticos, ambas inofensivas por separado, pueden provocar torpor, lentificación de los reflejos, etc., que son MUY PELIGROSOS EN LA CONDUCCION DE VEHICULOS y en el manejo de maquinaria que pueda mutilar.

Ni el médico ni el paciente por su cuenta deben recurrir a estos medicamentos por quejas insignificantes. Hay que reservarlos para cuando son necesarios, pese a sus escasos riesgos.

Si al aparecer unos síntomas, antes de hacer el diagnóstico, el paciente empieza a tomar estos medicamentos por su cuenta, o un médico poco responsable se los manda por complacencia, pueden tapar los síntomas, el enfermo sentirse mejorado y la enfermedad evolucionar empeorando sin enterarse. Hay que tener claro el diagnóstico, y el motivo de su administración, antes de recetarlos. NUNCA es recomendable tomar una medicación «porque le ha sentado muy bien a un amigo que tiene lo mismo que yo».

En las depresiones psicógenas, provocadas por traumas psíquicos, el tratamiento de elección es la psicoterapia. Los tranquilizantes pueden recetarse provisionalmente para aliviar de un modo rápido, pero si el paciente al mejorar interrumpe la psicoterapia y sigue sólo con tranquilizantes, pierde la oportunidad de curarse, tapará los síntomas de momento, pero reaparecerán.

Contraindicaciones

En las insuficiencias hepáticas, y en muchos ancianos, la destrucción del medicamento en el organismo es tan lenta que puede producir efecto acumulativo con las dosis que se van tomando después, y provocar una intoxicación. También son peligrosos en la neumopatía obstructiva y en los síndromes con hipoalbuminemia.

Timolépticos o antidepresivos

Son los auténticos «antidepresivos», fármacos con acción específica en las depresiones. De comprobada relación causa-efecto: Mejoran o hacen desaparecer las depresiones, si se dejan de tomar antes de terminado el episodio vuelven a aparecer los síntomas depresivos, que desaparecen de nuevo al reanudar el tratamiento.

Lógicamente este libro tiene lectores que han estado envueltos en el problema de las depresiones. Les bastará leer la lista de los antidepresivos, en su denominación comercial (Anelum, Tryptizol, Demolox, Anafranil, Tofranil, Martimil, Paxtibi, Surmontil, Ludiomil, Lantanon, el suprimido Alival, Vivarint, Deprax, Tombrán, etc.), para recordar la utilización que han realizado de alguno de ellos.

No son tratamientos «sintomáticos», de los que tapan un síntoma aislado sin influir en la enfermedad, como la aspirina para el dolor de cabeza. Los antidepresivos interfieren en el engranaje neuroquímico de las depresiones. No es fácil que tengan efecto sugestivo, porque su eficacia no es inmediata, como en los tranquilizantes, los antidepresivos tardan de cinco a veinte días en actuar sobre la sintomatología. DURANTE ESOS DIAS EL PACIENTE SE ENCUENTRA «PEOR QUE ANTES». Este es un aspecto de máxima importancia. He visto multitud de enfermos que acudieron a mi consulta, para cambiar de médico, «porque si sigo con el de antes me mata, me dio unas pastillas que me pusieron mucho peor».

El motivo del empeoramiento es que sin haber percibido aún los efectos beneficiosos de la medicación, notan añadidos a los síntomas de la enfermedad los de los efectos secundarios, que pueden ser muy importantes. Les hubiese pasado con cualquier otro médico competente, porque el tratamiento era el adecuado, probablemente el médico no les explicó bien los posibles síntomas secundarios, bastó exponérselos con detalle y tranquilizarles para que siguiesen sin problemas hasta su curación con el tratamiento. Volveremos más adelante al tema de los efectos secundarios.

Se habla de timolépticos «de primera generación» y «segunda generación» para referirse en el último caso a la aparición más reciente. A algunos médicos parece que les asusta emplear medicamentos de hace treinta y cinco años, y tienden a recetar las modificaciones aparecidas después. ¿Son mejores los más recientes? Por lo que sabemos los efectos son muy parecidos, lo que marca la diferencia es emplearlos hábilmente, en el momento, en las dosis adecuadas. Los tratados de Psiquiatría recomiendan al médico que se especialice a fondo en el empleo de algunos de estos fármacos, en lugar de intercambiarlos constantemente. También hay enfermos empeñados en un cambio frecuente de medicación.

Los grupos químicos de los antidepresivos siguen básicamente siendo los mismos de los años cincuenta: Los inhibidores de la monoaminooxidasa, los tricíclicos (y los tetracíclicos de aparición posterior). Tienen diferencias tanto en su acción como en los efectos secundarios indeseables.

Inhibidores de la monoaminooxidasa

O «inhibidores de la MAO». Son muy efectivos, y el paciente nota pocas molestias «si todo va bien», por lo que una vez probados, en comparación con los otros, los prefiere. Pero no siempre va todo bien, y los RIESGOS SON MAS GRAVES QUE EN LOS TRICICLICOS.

Los inhibidores de la MAO en uso son: FENELCINA (nombre comercial: NARDELZINE), IPRONIACIDA (nombre comercial: IPRONIAZIDA), METFENDRACINA (nombre comercial: M.H.-11), NIALAMIDA (nombre comercial: NIAMID).

El empleo de los inhibidores de la MAO ha quedado restringido a los pacientes que los tomaron anteriormente en otro episodio depresivo y les sentó muy bien y con excelente tolerancia. Con esos precedentes es probable que ocurra lo mismo ahora. También se usan en los enfermos que no responden a los restantes tratamientos timolépticos.

El motivo de relegarlos a la reserva terapéutica es su alto riesgo de efectos secundarios. Aunque son raros, resultan graves. En algunos pacientes predispuestos (y es muy difícil adivinarlo de antemano) provocan graves daños en el hígado, de estas hepatopatías medicamentosas ha habido casos mortales.

Los inhibidores de la MAO, cuando permanecen en el organismo sin metabolizar, se combinan de modo peligroso con otras substancias y alimentos. Hay que CONTROLAR EL REGIMEN ALIMENTICIO DEL DEPRIMIDO TRATADO CON INHIBIDORES DE LA MAO.

Substancias químicas (aminas simpaticomiméticas) que existen en ciertos quesos fermentados, cerveza, algunos vinos, hígado, habas, etc., mezcladas con los inhibidores de la MAO pueden provocar crisis de hipertensión cerebrovascular graves, agitación psicomotora, hipotensión ortostática, etc.

UNA PRECAUCION ESENCIAL ES NO COMBINAR NUNCA INHIBIDORES DE LA MAO Y TRICICLICOS. Como son los dos grupos de medicamentos más eficaces, cuando fracasa uno se tiende a ensayar el otro. HAY QUE DEJAR 14 DIAS, desde el fin del primer tratamiento, antes de indicar el segundo. Ambos grupos de substancias en manejo controlado suelen ser inocuos, SU MEZCLA ES TOXICA (fiebre elevada, convulsiones, etc.). En el intervalo se ayuda al paciente con tranquilizantes menores, que pueden combinarse con cualquiera de los dos grupos de fármacos timolépticos.

Los fármacos tricíclicos y tetracíclicos

Los describiremos conjuntamente, pues tienen utilización similar. Son los más usados en el tratamiento de las depresiones. Entre los tricíclicos la AMITRIPTILINA (nombres comerciales: TRYPTIZOL, NOBITROL, MUTABASE, DEPRELIO, AMI-ANELUN), AMOXAPINA (nombre comercial: DEMOLOX), CLOMIPRAMINA (nombre comercial: ANAFRANIL), DOXEPINA (nombre comercial: SINEQUAN), IMIPRAMINA (nombre comercial: TOFRANIL), NORTRIPTILINA (nombre comercial: MARTIMIL, PAXTIBI), TRIMIPRAMINA (nombre comercial: SURMONTIL).

Entre los tetracíclicos, la MAPROTILINA (nombre comercial: LUDIOMIL), la MIANSERINA (nombre comercial: LANTANON). Existen fármacos antidepresivos de otro origen químico, como la NOFIMESINA (nombre comercial: ALIVAL), recientemente suprimida, la VILOXACI-

NA (nombre comercial: VIVARINT), y la TRAZODONA (nombre comercial: DEPRAX, TOMBRAN).

ENTRE TANTOS MEDICAMENTOS PARECIDOS ¿CUAL EMPLEAR? Este consejo corresponde al médico, no sólo en cada caso, sino en cada momento de la evolución de un deprimido. SE BUSCA EL MAXIMO DE RESULTADOS CON EL MINIMO DE EFECTOS INDESEABLES. No es fácil ninguna de las dos cosas.

Existe una clara SUSCEPTIBILIDAD INDIVIDUAL, que puede variar a lo largo de la enfermedad, tanto para el beneficio de un medicamento sobre otro, como para sufrir los efectos indeseables.

¿SE PUEDE PREDECIR EL RESULTADO?

Sólo que «suele ocurrir». Si un deprimido reacciona de modo distinto a la forma más frecuente, de poco le sirve que las estadísticas digan que a él le tenía que sentar muy bien determinado medicamento. Por eso el médico tiene que estar siempre alerta y dispuesto a variar sus indicaciones. EL PACIENTE NO DEBE MODIFICAR DE TRATAMIENTO SIN CONSULTA, porque los antidepresivos son de acción lenta, tardan hasta veinte días en hacer efecto, si ya lleva una semana e interrumpe, inicia de nuevo el ciclo retardando la mejoría; además tanto él como su médico se quedan sin saber si el medicamento no le curaba o no le ha dado tiempo a que le cure.

Otra cosa distinta es INTERRUMPIR EL TRATAMIENTO SI LOS EFECTOS SECUNDARIOS RESULTAN ALARMAN-

TES, y consultar lo antes posible. Ante la duda es razonable interrumpir.

LOS TESTS O PRUEBAS DE LABORATORIO

Los investigadores trabajan activamente en perfeccionar LOS TESTS O PRUEBAS DE LABORATORIO QUE ORIENTAN hacia EL TRATAMIENTO más adecuado para cada enfermo. Se basan en pruebas de función endocrina, estudiando la respuesta del organismo a la inyección o administración de ciertas substancias. Por ejemplo, si la DEXAMETASONA provoca una respuesta negativa, medida en la tasa de cortisol, en lugar de medicación conviene la psicoterapia a ese depresivo. Si es positiva se continúan las pruebas bioquímicas hasta orientarse hacia el fármaco preferible. Hay otras muchas pruebas en estudio, como el test de Everett con paragilina, los de Keller y Segall con TRH, el de Hine, etcétera. No se ha extendido su uso por las dificultades técnicas y por la escasez de laboratorios preparados para realizar las pruebas, y porque aún no está totalmente demostrada la fiabilidad de las pruebas de laboratorio.

LOS EFECTOS SECUNDARIOS

Varían enormemente de una persona a otra. Con la amitriptilina algunos sienten ligera somnolencia sólo los primeros días y otras personas no pueden levantarse de la cama. Además de la diferencia real de efecto hay la VALORACION SUBJETIVA. Algunos pacientes no se quejan y el médico se alarma al percibir la intensidad de los efectos secundarios que sufren y otros por molestias insignificantes ponen el grito en el cielo, llaman a servicios de urgencia de madrugada, afirman que el médico casi les mata, etc.

Muchos seguimos considerando como el antidepresivo más eficaz a la CLOMIPRAMINA (Anafranil), pero en casos con ansiedad e insomnio, por el efecto sedante y somnolencia que provocan, pueden convenir más las AMITRIPTILINAS (Nobritrol, Mutabase, Deprelio, Tryptilzol, Ami-Anelun).

En general, las amitriptilinas, la doxepina, la maprotilina y la mianserina tienen más efecto sedante. De este grupo la Mianserina es la que tiene menos efectos secundarios anticolinérgicos (ahora explicaremos cuáles son éstos), y la Nomifensina también se tolera con facilidad.

¿Por qué no emplear siempre los que tienen menos efectos desagradables? Porque algunos deprimidos obtienen más beneficio de los otros.

Muchos medicamentos tienen lo que se llama efecto colinérgico o el contrario, anticolinérgico. Ahora nos interesa este último, que es el que provocan los antidepresivos, en especial los tricíclicos (que son los más eficaces).

Los efectos anticolinérgicos que percibe el paciente, y de los que justificadamente se queja, son: Sequedad de boca y de mucosas, estreñimiento (que acentúa el que hay en la depresión), dilatación temporal de la pupila, con lo que el paciente se lamenta de que ve borroso y no puede leer a ratos, además le molesta la luz, temblor de manos, que puede ser tan intenso que le entorpezca escribir «me ha deformado tanto la letra que en el banco no aceptan los cheques porque dicen que no es mi firma», crisis de sudor sin tener calor «sobre todo en la cama, de repente me encuentro empapado en sudor», taquicardia sinusal, hipotensión ortostática que consiste en que al ponerse repentinamente de pie desde la posición tumbado o sentado, baja instantáneamente la tensión y el paciente nota mareo e incluso puede caer al suelo como en las lipotimias, y retención de orina que llega a ser alarmante en los hombres con problemas prostáticos.

Como casi todas las substancias químicas, los timolépticos en uso prolongado pueden desencadenar en individuos susceptibles complicaciones graves, que son muy raras pero existen y hay que tener en cuenta, como depresión medular con agranulocitosis, ictericia obstructiva, ileo paralítico, extrasistolia ventricular, convulsiones.

Los timolépticos, administrados en la fase depresiva de pacientes de psicosis maníaco-depresiva, pueden desencadenar la aparición de una fase maníaca. En ese caso hay que suprimirlos de inmediato y pasar al tratamiento antimaníaco.

HAY CONTRAINDICACION en casos de GLAUCOMA (se puede hacer el tratamiento pero controlado por el oftalmólogo), de HIPERTROFIA DE PROSTATA (debe vigilarlos el urólogo, y estar seguro de que se puede aplicar de urgencia una sonda), EPILEPSIA GRAVE (hay que añadir anticonvulsivos), y ALCOHOLISMO y otras enfermedades que vayan acompañadas de INSUFICIENCIA HEPATICA. Los CARDIOPATAS deben estar controlados por su cardiólogo, que los prepara para el tratamiento.

TRATAMIENTO FARMACOLOGICO DE LA MANIA. LOS TRANQUILIZANTES MAYORES O NEUROLEPTICOS

En la manía es preciso frenar cuanto antes la actividad frenética y perjudicial del enfermo, y a la vez lograr la remisión del episodio maníaco. Los dos fines se consiguen con los mismos medicamentos. En el continente europeo los llamamos NEUROLEPTICOS los anglosajones suelen denominarlos TRANQUILIZANTES MAYORES. Las características genéricas que los definen son:

A) Acción evidente sobre el psiquismo, pero sin efecto hipnótico intenso. B) Capacidad inhibidora de la excitación. C) Acción mitigadora de los síntomas de la esquizofrenia y otras psicosis, y también de las llamadas psicosis experimentales. Actúan como verdaderos antídotos de los psicodélicos.

En la manía interesa la acción antipsicótica y la inhibidora de la excitación.

Los más empleados son la BUTIROFENONA (nombre comercial: HALOPERIDOL), la CLORPROMACINA (nombre comercial: LARGACTIL, CLORPROMACINA), la TIORIDACINA (nombre comercial: MELERIL, VISERGIL, DOLOPTAL).

En una crisis maníaca intensa es preciso administrar dosis altas de medicación, por este motivo y por los peligros de la conducta del paciente, la primera fase conviene hacerla en régimen hospitalario.

En el tratamiento ambulatorio estas medicaciones deben darse bajo la supervisión directa del médico.

Medicación preventiva de la manía. Las sales de litio

El CARBONATO DE LITIO (nombre comercial: Plenur) tiene un lugar único entre los antimaníacos. Los neurolépticos hacen remitir una fase maníaca, pero no tienen efecto preventivo de la próxima, en cambio el litio es muy rápido y efectivo en la remisión de una fase y, dado después de modo permanente, se lleva muchos años observando que a gran parte de los maníacos les libera de la repetición de las fases. Hay pacientes que tenían una fase de excitación maníaca cada año o cada dos años, y desde que comenzaron a tomar litio, hace diez o quince años, no han recaído. Cuando dejan de tomarlo vuelven a estar expuestos a los vaivenes de la enfermedad. EN PACIENTES CON ENFERMEDAD BIPOLAR ha demostrado ser también eficaz COMO PREVENTIVO DE LAS FASES DE DEPRESION. No se ha apreciado este efecto en los pacientes que sólo tienen fases depresivas.

El carbonato de litio exige una serie de precauciones, por lo que nunca debe administrarse sin control médico. Las concentraciones en sangre por debajo de un cierto nivel no sirven para nada, y si pasan de otro nivel son peligrosas. La absorción y eliminación son variables en el mismo paciente (dependiendo del régimen de comidas y otros factores), por lo que es IMPRESCINDIBLE hacer periódicamente (mínimo una vez al mes) una determinación de LITEMIA (nivel de litio en sangre) para comprobar si hay que aumentar o disminuir la dosis.

En pacientes que llevan tiempo estabilizados, con pocas variaciones, se pueden distanciar las litemias.

El litio se tolera bien por el organismo humano, si no hay descenso del sodio. Por tanto hay que cuidar no disminuir la toma de sal común en las comidas (de ningún modo hacer simultáneamente alguno de esos regímenes sin sal que ahora están de moda) y tomar precauciones si se administran diuréticos o hay diarrea o sudoración excesiva; en general cualquier variante que pueda hacer descender el sodio, pues en este caso el litio se vuelve tóxico y provoca vómitos, ataxia, convulsiones, coreoatetosis, confusión mental, y puede llegar al coma.

Con esta relación amedrentadora de posibles complicaciones el lector pensará que es un tratamiento muy complicado y peligroso. En los libros de autoayuda, como éste, es necesario advertir de todos los inconvenientes y peligros aunque sean muy poco probables, como ocurre en la mayoría de los descritos y en alguna de las contraindicaciones y precauciones que vienen seguidamente. El tratamiento preventivo por litio es sencillísimo, consiste en tomar de dos a cuatro comprimidos al día. La mayoría de los tratados no sienten ninguna molestia o se puede enmendar con facilidad.

CONTRAINDICACION ABSOLUTA EN LOS TRES PRIMEROS MESES DEL EMBARAZO, está demostrada la aparición de malformaciones congénitas. Tampoco se puede tomar durante la LACTANCIA, o si se padece HIPOTIROIDISMO.

Es preciso tener precauciones especiales en la insuficiencia renal y en enfermos cardíacos o del sistema nervioso central.

Los niveles de LITEMIA recomendados como preventivos oscilan entre 0.70 y 1.50 miliequivalentes litro. Nunca pasar de los 2 miliequivalentes litro (que son las cifras que se dan en los análisis de litemia).

Los EFECTOS SECUNDARIOS más frecuentes son la necesidad de beber mucho, sed, temblor de manos, diarrea y molestias gástricas. Ceden al descenso de dosis o con la medicación correctora.

La terapia electroconvulsiva (electrochoque o tec)

Es un tema muy discutido, porque a todos nos disgusta la idea del TEC (terapéutica electro-convulsionante, conocida en el lenguaje coloquial como electrochoque). Hace muchos años que se ha perfeccionado la técnica y no hay convulsiones durante el paso de la corriente eléctrica por el cerebro, pero por inercia se sigue llamando así.

Veamos lo que dice el tratado de psiquiatría de más prestigio mundial (el de Freedmann, Kaplan y Sadock) en los capítulos que nos interesan ahora, los del tratamiento de las grandes depresiones y de la manía sobre la terapia electroconvulsionante: «...se considera un tratamiento específico para el ataque depresivo. Generalmente hay una mejoría espectacular después de uno o dos tratamientos, y para la mayoría de los enfermos que responden favorablemente basta una tanda de seis o nueve...» (v. I, p. 1143) «...como tratamiento para el ataque maníaco se emplea con menos frecuencia y con menos éxito» (id.). «Es algo generalmente aceptado que la TEC es muy eficaz en el tratamiento de la melancolía involutiva y las depresiones endógenas, y que es relativamente ineficaz o puede tener efectos adversos en los estados de ansiedad» (id.). «Es el tratamiento de elección para la melancolía involutiva» (determinada forma de depresión en la tercera edad) (id. v. I, p. 1162).

Los textos de mayor prestigio y rigor científicos suelen decir lo mismo que éste: La terapia electroconvulsiva sigue siendo un tratamiento útil. En algunas formas de depresión el más eficaz y en otras el «tratamiento de elección».

Sin embargo muchísimos pacientes llegan a la consulta asesorados por médicos, o miembros de otras profesiones que se consideran expertos del tema y que les han advertido: «En ninguna circunstancia y bajo ningún concepto el electrochoque».

Algunos psiquiatras, en general de orientación psicodinámica, afirman enfáticamente: «Yo jamás he admitido ni toleraré poner un electrochoque.» Los de opinión contraria aseguran que habría que contestar lo mismo que a un cirujano que jura que nunca hará una amputación: «pues a la larga tendrá sobre sus espaldas unas cuantas muertes que se podrían haber evitado». El electrochoque no se prescribe por sadismo, ni por ignorante brutalidad del médico, como tampoco se hace en el caso de una amputación. Es un recurso cuando los demás han fracasado, sopesando con sumo cuidado las ventajas y los inconvenientes.

Entre los inconvenientes de más relieve está la psicosis colectiva de pánico al TEC. Algunos médicos no lo prescriben por la coacción de la «mala prensa» que tiene, no desean «mancharse» y frecuentemente envían el paciente a un colega que lo utiliza. «En esa clínica son unos bárbaros, aplican mucho el electrochoque...», olvidan mencionar que son los médicos a los que les acaban llegando los enfermos que no han podido curar los que «jamás» lo prescriben. El mundo es así, también dentro de la Medicina.

La terapia electro-convulsionante ha sido víctima de una verdadera leyenda negra. En muchas películas y novelas aparece como la escena fuerte. A los autores les conviene dramatizar, y a ser posible que el electro sea administrado sin justificación terapéutica, como una forma de castigo y tortura, resulta más cinematográfico. Todos tenemos en la mente obras de la importancia de «Alguien voló sobre el nido del cuco», «Cuerpos y almas», «Nido de víboras», etc. Aunque se filme cuando llevamos decenios sin convulsiones en la «electro convulsión» (pues se aplica bajo relajación y anestesia), en la escena siempre aparece el paciente revolviéndose convulso entre los muchos que le sujetan. Es la escena que tenemos grabada, y que reaparece obsesivamente ante esta alternativa terapéutica.

A nadie puede extrañar el miedo del paciente y de su familia, cuando un nuevo médico recomienda este tratamiento. «Vengo a usted con toda confianza, pero pongo una sola condición, de ningún modo un electro.» No resulta demasiado grave mientras el electro no es lo único que honestamente cabe recomendar. Pero ya hemos comentado que en algunos casos es la «terapéutica de elección», por tanto la mejor, y la que se debe recomendar.

¿Qué debe hacer el médico en ese caso? ¿Poner otro tratamiento para complacer al paciente y evitarse explicaciones prolongadas y un clima de hostilidad? Cuando se recurre a la TEC siempre se trata de enfermos graves, no parece muy honesto este tipo de complacencia. ¿Decirle que si no confía en él que se busque otro médico? El enfermo está asustado, confía en ese médico a pesar de su explicable resistencia; siempre en estas situaciones se está ante un enfermo complicado e incómodo para el médico, no parece tampoco muy generoso rechazarlo en ese momento.

Una advertencia fundamental

El paciente y su familia deben escuchar al médico y sopesar sus argumentos, pero no tienen la menor obligación moral de seguirlos si están convencidos de que el médico se equivoca o consideran inaceptables, por algún motivo importante, sus propuestas (hospitalización, TEC, etc.). El tema moral surge aquí, porque el enfermo está desmantelado, y frecuentemente es incapaz de decidir por sí mismo y es la familia quien carga con esa tremenda responsabilidad.

En Medicina no son raras las diferencias de opinión (¿intervención quirúrgica o tratamiento conservador?, etc.). Quizá en ningún terreno resultan tan amargas para el paciente y su familia como dentro de la Psiquiatría, dividida en campos de opinión totalmente opuestos.

Imaginemos que al recibir la indicación de TEC deciden consultar a otro especialista y éste comenta: «Pero ¡qué barbaridad!, a finales del siglo XX recomendar un electrochoque, ese es un tratamiento medieval, le va a dejar tarado para siempre, el único tratamiento adecuado es la psicoterapia, etc.» Abrumados por la incertidumbre consultan con un nuevo médico: «El que tiene razón es el primero, el otro es un ignorante charlatán que les va a hacer perder a ustedes el tiempo y el dinero con unas sesiones de psicoterapia totalmente inoperantes en este tipo de depresión, en un caso así, en el que ya han fracasado las medicaciones antidepresivas, lo indicado es TEC, etc.» El ciclo puede repetirse indefinidamente con nuevos médicos; además empiezan a intervenir las amistades: «pues a mi hermano...», «la hija de un compañero mío de oficina...», con la misma disparidad de criterios e idéntico apasionamiento.

He presenciado demasiadas veces la angustia de la esposa o el padre ante esta incertidumbre, presionados por la urgencia y el miedo preguntándose desesperados: «¿A quién hago caso?», para quedar indiferente a este drama. Por eso muchos psiquiatras hemos adoptado una actitud ecléctica, y trabajamos en equipo, en el que unos miembros tienen especialización en tratamientos biológicos y otros en psicoterapia, pues sólo casos extremos se benefician exclusivamente con uno de los dos enfoques, a los restantes les conviene aprovechar los recursos de los dos tipos de tratamiento.

La TEC tiene pocas contraindicaciones físicas. Su inconveniente más importante es la amnesia residual, que puede ser intensa y duradera, y es suficiente para aconsejar que esta técnica no se utilice más que en los casos en los que no se esperan resultados positivos con los restantes tratamientos.

UN HORIZONTE DE ESPERANZA

Existe un pequeño porcentaje de deprimidos que no responden de modo satisfactorio a los tratamientos actuales o que, pese a ellos, recaen con mucha frecuencia. Comprendo su desaliento, y por eso mismo considero importante un repaso a los motivos de razonable esperanza.

En primer lugar está la propia evolución espontánea de las depresiones, con su tendencia a desaparecer inesperadamente «un buen día». La experiencia demuestra que esta tendencia a la remisión no es privilegio de las formas benignas de depresión; también en las resistentes a todo tipo de tratamiento, cuando el paciente y su familia han perdido la esperanza, y sin que tampoco los médicos puedan explicar porqué, desaparecen los síntomas depresivos y se recuperan todas las posibilidades perdidas durante la enfermedad, también la que al deprimido le ha parecido imposible, la de disfrutar de la vida.

Los ciclos de repetición de las depresiones son imprevisibles. Hay personas que padecen una sola depresión en toda su vida. Esta reflexión no sirve de alivio a quienes sufren una detrás de otra, pero conviene que sepan que todos los médicos hemos visto multitud de casos en que después de una racha desafortunada, en que tras cada depresión estaban temiendo cuándo vendría la próxima, una de ellas era la «última», pasando a un período indefinido de normalidad del estado del ánimo. Cuantas veces acuden a la consulta, acompañando a un nuevo enfermo: «Doctor, he animado a mi primo a venir por lo bien que me fue a mí, ¿se acuerda usted de mi caso?, una depresión detrás de otra durante ocho años, y ahora llevo catorce años completamente bien.» Esta posibilidad afortunada existe EN TODO DEPRIMIDO.

¿Y si mi caso es de los contrarios, de los que tienden a recaer cada vez con más frecuencia y por más tiempo? Esto le ocurre a pesar de los tratamientos actuales, ya que usted tiene la desventura de ser de los pocos en que no resultan eficaces, pero es muy probable que sea distinto con los nuevos tratamientos que se vislumbran.

«¿Cuándo aparecerán esos nuevos tratamientos?, si va a ser dentro de diez años a mí ya...» No hay motivo para inculcarle falsas esperanzas, es muy probable su aparición inmediata. Hemos comentado que la ciencia parece avanzar a saltos. En apariencia, hay períodos de acumulación «sorda» de conocimientos, en que parece que no ocurre nada, pero se establece la plataforma para el nuevo salto. Por eso los descubrimientos ocurren en varios lugares a la vez, y uno detrás de otro, superándose... hasta un nuevo período de estancamiento.

Los tratamientos farmacológicos de las depresiones llevan un aletargamiento que dura treinta años. Son muchos años, durante ellos se ha trabajado con afán. Los centros de investigación no han olvidado al deprimido, además de los motivos humanitarios hay tal carga de intereses detrás del descubrimiento de una nueva terapéutica de las depresiones, que los laboratorios hierven por dentro como una olla a presión, intentando adelantarse a los otros. Tienen casi tanta prisa como usted. Lo van a lograr.

Aunque no se hayan plasmado en resultados prácticos «sensacionales», los avances en el conocimiento de la neurofisiología cerebral y la bioquímica de las depresiones han sido gigantescos. Se atisban esos resultados prácticos que plasmarán en un nuevo tratamiento que supere a todos los existentes. No puede tardar.

«¿Y qué hago yo en los dos o tres años, o más, que tarden en ponerlo en práctica?» No existe ninguna garantía de que sea en dos años, pero puede ocurrir antes. Por de pronto es un alivio saber que existe esa esperanza inmediata, hay muchas enfermedades que no la tienen. Otros avances parciales están ya al alcance de la mano. Hemos hablado someramente de los tests biológicos, como la prueba de la dexametasona, que permiten una orientación pronóstica y una aplicación más precisa de los psicofármacos. La extensión de los pocos laboratorios que la realizan, para convertirse en una técnica de uso común no precisa años, se espera que ocurra en unos meses. Lo mismo con otros avances técnicos.

Los deprimidos que precisan esencialmente psicoterapia, y que no mejoran con la que les han realizado, también tienen motivos de aliento. La formación colectiva de nuestros psicoterapeutas avanza de año en año. Además de la técnica clásica de psicoterapia psicoanalítica, o de las psicoterapias dinámicas que derivan de ella, han surgido nuevos procedimientos psicoterápicos que demuestran su utilidad en las depresiones, de modo particular en las llamadas técnicas de modificación de conducta y dentro de ellas parece especialmente útil la terapia cognitiva.

Al deprimido, por la índole de su enfermedad, le es muy difícil imaginar un futuro alentador. Hay razones de peso para suponer que lo tiene.

Impreso en ROMANYÀ VALLS, S. A.
Sant Joan Baptiste, 35
La Torre de Claramunt (Barcelona)